Un Interesante Viaje para Reflexionar

GRACIELA MACÍAS RAZO

H. MATAMOROS, TAMAULIPAS.
MARZO DE 2018

Reservados todos los derechos. No se permite la reproducción total o parcial de esta obra, ni su incorporación a un sistema informático, ni su transmisión en cualquier forma o por cualquier medio (electrónico, mecánico, fotocopia, grabación u otros) sin autorización previa y por escrito de los titulares del copyright. La infracción de dichos derechos puede constituir un delito contra la propiedad intelectual.

El contenido de esta obra es responsabilidad del autor y no refleja necesariamente las opiniones de la casa editora.

Publicado por Ibukku
www.ibukku.com
Diseño y maquetación: Índigo Estudio Gráfico
Copyright © 2019 Graciela Macías Razo
ISBN Paperback: 978-1-64086-444-3
ISBN eBook: 978-1-64086-445-0

ÍNDICE

Preámbulo	5
Etapas de desarrollo	17
Etapa Prenatal	17
Infancia	23
Adolescencia	50
Juventud	54
Adultez	64
La familia	75
Familia nuclear	76
Los familiares	80
La amistad	85
El amor	91
Compañero de vida	97
Área de interacción humana	101
Aportaciones	105
Evaluación	109
Fortalezas	111
Debilidades	112
Oportunidades	113
Amenazas	114
Conclusiones	115
Fuentes bibliográficas	117
Bibliografía	117

Preámbulo

Antes de dar inicio a este viaje, hago una reflexión anticipada respecto a los temas que se abordan. El contenido de este documento recrea, desde situaciones y hechos que anteceden a la fecha de mi nacimiento, hasta el cómo, esos interesantes hechos, han modelado mi desempeño expresado a lo largo de la vida y han forjado mi personalidad.

Es interesante ver cómo, de manera trascendente, el ambiente en el que se nace, influye en la forma de actuar de las personas y va forjando la personalidad del individuo.

Partiendo de algunas de las acepciones que nos ofrece el Diccionario de la Real Academia Española he de decir que:

El temperamento es la constitución particular de cada individuo, que resulta del predominio fisiológico de su sistema orgánico.

El carácter es la señal que queda en una persona como efecto de un conocimiento o experiencia, es decir, lo que se vive cotidianamente.

La personalidad es la diferencia individual que constituye a cada persona y la distingue de otra, en ello influyen el temperamento y el carácter.

El temperamento, que se refiere a características que el individuo trae de nacimiento, y el carácter, en el que influyen las vivencias experimentadas a lo largo de la vida, cimientan la personalidad del individuo.

Por lo tanto, para definir, qué es lo que influye, de qué se deriva, o qué es lo que trae como consecuencia, la manera de actuar de las personas, y en este caso específico, para entender lo que ha influido en la conformación de mi personalidad, he hecho una reflexión, acerca de algunas de las características del ambiente en el que mis familiares y yo misma, nos hemos desenvuelto.

Describo algunos detalles relacionados con el ambiente geográfico de los lugares que representan mis orígenes. Pondero asimismo, las aportaciones de algunos personajes destacados en la Historia de México, el meritorio modo de vivir de los miembros de mi familia y la atinada influencia de personas que intervinieron en mi formación académica y en mi desempeño como profesionista y como ser humano.

Haciendo una revisión de los detalles que quiero incluir en esta narrativa, consideré que era importante mencionar las características de los lugares en los que mi vida se ha ido desarrollando, desde mi nacimiento hasta el día de hoy. En este ejercicio surgen mis familiares, quienes constituyen mi origen, surgen los nombres de los lugares que han sido representativos en mi vida, y, la vida y obra de personajes destacados que dan gloria a esos lugares. Menciono datos acerca de la vida y obra de Isaac Arriaga, Lázaro Cárdenas del Río, Lauro Villar Ochoa y Mariano Matamoros y Guridi.

Es interesante citar datos de la vida de mis ancestros, e importante destacar que soy descendiente de gente trabajadora, responsable, respetuosa de los valores humanos, de gente que ha sido consciente del compromiso que se tiene con el hecho de educar a la familia, teniendo como referencia el respeto, la solidaridad, el trabajo, la superación personal, el amor, entre otras tantas cosas que bien podría añadir.

Mis familiares no son personajes cuyos nombres se hayan destacados en la historia de México, pero sí han sido personas destacadas en su comunidad, por su sentido de servicio, de amor y de solidaridad. Son héroes anónimos; anónimos hasta cierto punto, y digo hasta cierto punto, porque he tenido la satisfacción de escuchar los comentarios que hacen algunos niños que fueron apoyados por mis abuelos cuando vivían en el Ejido San Lorenzo y que hoy son adultos. Esto lo he podido constatar también, por comentarios que mis hijos me hacen respecto a conversaciones que han tenido con algunas personas con las que han interactuado y que les han comentado acerca del apoyo que recibieron de mis abuelos. Mi madre también fue una persona de mucho respeto y muy querida por mucha gente, este respeto y cariño se lo ganó por su sentido de solidaridad demostrado de muchas maneras, cuando se trataba de ayudar al prójimo, de solidarizarse y apoyar en la solución de algún dilema familiar y por el gran amor que les demostró a sus hijos, a sus seres queridos y a las personas que la rodearon.

De mi infancia rescato hechos que fueron significativos en mi vida, como el ambiente familiar, la interrelación principalmente con mis amiguitas, porque en la época en la que transcurrió mi infancia no era muy común que las niñas jugáramos con niños, rescato así mismo las experiencias pedagógicas que tuve como alumna, que aunque con métodos utilizados en esa época, lograron los objetivos establecidos. Lo que me demuestra que cuando se desempeña la tarea pedagógica con responsabilidad y compromiso, el método es solamente un camino que nos conduce al logro de los objetivos. Lo más importante en el hecho pedagógico, es el amor, el respeto, la entrega y el compromiso del docente con el desempeño de su tarea como educador.

Durante mi infancia el orden familiar estaba cimentado en valores, en el respeto a normas establecidas en el seno de las familias. Las normas que orientaban el orden familiar eran parte de las costumbres, que si bien, no estaban escritas, sí se respetaban sin discusión, eran código de ética. Los adultos ejercían su autoridad, de manera que niños, adolescentes y jóvenes, respetaban a los adultos.

Había casos en los que se advertía la violación a los derechos humanos de los niños, por lo que se elaboraron leyes para proteger a los menores. Se alivió un extremo, pero se descuidó el otro extremo, es decir, que se descuidó, lo que se refiere a los deberes de los menores. El niño, cuando nace es como un libro en blanco, y en ese libro se tendrá que ir escribiendo, por lo que es obligación de los adultos escribir en ese libro, información basada en valores, en forma apropiada, de manera que el niño crezca disfrutando de su niñez, pero, sin olvidar la adecuada formación continua del ser humano desde su nacimiento. Se requiere que el niño conozca y sienta que tiene derechos pero que también tiene deberes que debe de cumplir.

Los padres deben educar a sus hijos, con base en el cumplimiento de deberes, que sean ejercitados por los menores, de acuerdo con su edad, así, los menores irán aprendiendo que a todo ser humano se le deben respetar sus derechos, pero también, el ser humano, debe cumplir con deberes. Para el logro del equilibrio es interesante revisar la ley natural de los opuestos. Para lograr el equilibrio, si se presenta una fuerza que estira para un lado, debe haber una fuerza que estire para el otro, por lo que a los derechos de los niños se les debe agregar deberes, adecuados a la edad y a la capacidad de los propios niños.

Muchas acciones encaminadas a educar a la familia en casa, eran práctica cotidiana en el pasado, incluso, la escuela educaba en este sentido. Los maestros tenían la autoridad para educar a los alumnos, con base en el cumplimiento responsable para el logro del aprovechamiento escolar. Los alumnos, en el salón de clases realizaban el trabajo cotidiano, y reforzaban esos conocimientos repasando en casa, con el apoyo de los libros de texto y las notas recopiladas, por ellos mismos, en sus cuadernos. En la actualidad, un gran porcentaje de alumnos difícilmente participa en clase, y lo que es preocupante, tampoco cumplen con sus tareas, en ocasiones aunque esas tareas sean mínimas. El porcentaje de alumnos responsables es reducido.

En el ámbito escolar, muchas acciones que se realizaban en el pasado tenían un propósito muy relevante. Por ejemplo, en Primer Grado de Educación Primaria, antes de iniciar el trazo de las letras, se realizaban ejercicios de caligrafía, la intención era que el alumno conociera la dirección de la escritura. Llegó el día en el que se dejaron de lado estos ejercicios, lo que influyó, hasta cierto punto, para que algunos alumnos realizaran el trazo de letras y números, en sentido contrario, esos aprendizajes, generalmente quedan grabados en el subconsciente para toda la vida, que aunque no son determinantes para apropiarse del conocimiento científico, sí son elementos formativos relacionados con el respeto a las reglas.

Lo que el alumno aprende en los primeros años de educación básica, queda grabado en el cerebro como la huella que deja el cincel en la piedra. Si lo que se aprende es correcto, representa un éxito, y si lo que se aprende no es correcto, entonces, marca a la persona con una huella difícil de corregir, aunque no imposible, claro está.

Lo anterior expuesto, no significa que todo el conocimiento deba memorizarse, pero sí, desde mi muy particular punto de vista, es indispensable que los conocimientos, que representan la materia prima, es decir, las herramientas básicas, para desarrollar el pensamiento crítico así como el pensamiento matemático, se guarden en la memoria, para que se utilicen con facilidad y de manera más expedita, cuando se deba resolver algún problema o se requiera realizar alguna reflexión.

Muchos niños y adolescentes, de manera espontánea, manifiestan el sentido de responsabilidad en el cumplimiento de sus deberes, y lo hacen además, con gusto. Estos niños, en muchos casos, tienen padres que los aman y que contribuyen a la generación de un ambiente armónico en el hogar. Para estos niños, el cumplimiento de sus deberes, no representa mucha dificultad.

Hay otros niños que también manifiestan de manera espontánea su sentido de responsabilidad, pero viven en un ambiente familiar donde prevalece el conflicto. A estos niños se les dificulta salir adelante y ser exitosos, sin embargo muchos logran cumplir con sus objetivos y convertirse en personas exitosas.

Estas reflexiones nos conducen de manera irrestricta y contundente, a motivar a los padres de familia para que retomen su compromiso, de educar en tiempo y formar a sus hijos, con base en los valores, establecidos por los seres humanos para el progreso de la humanidad y la preservación del orden, el bienestar y la mejora continua.

En este libro recreo mis memorias, desde lo que platicaban mis padres, mis abuelos y familiares, y algo de lo que he investigado en la memoria histórica. En lo que se refiere a mi actuación durante mi juventud, mucho ha tenido que ver, la cultura familiar. Mis tres hermanos y yo, tuvimos esculpido en nuestro espíritu, el compromiso de estudiar, de superarnos, poniendo de parte nuestra todo el poder que nos fuese posible, hasta terminar una carrera, y esta labor fue obra de mi madre que era una psicóloga por nacimiento, y los cuatro hermanos sabíamos que en este sentido estaba enfocado nuestro camino, mi madre lo había decretado de esa manera, iluminada por la bendición del creador divino.

Vienen a mi memoria las pláticas suaves, persuasivas, suavemente dirigidas por mi madre cuando estábamos reunidos a la mesa tomando nuestros sagrados alimentos. Ella era muy creativa para encaminar la conversación hacia elementos que le dieran información de nuestras actividades cotidianas, que realizábamos cuando ella no estaba presente debido a sus ocupaciones de trabajo.

Los cuatro hermanos, de manera consciente y por propia convicción, decidimos atender los consejos de nuestra madre principalmente, y además, adoptar el ejemplo de superación y respeto a las reglas que aprendimos en el seno familiar.

Mi etapa adulta ha sido glorificada con valiosos regalos, algunos de ellos lo representan, mi hija Diana Isabel y mis hijos Julio César y Juan Francisco, además de mis queridos nietos, para quienes, mi mayor deseo es que sean personas exitosas con un modo honesto de vida.

Durante la juventud y adultez del ser humano, se refleja, a través de sus actos, el trabajo formativo realizado desde la niñez y la adolescencia. En este sentido, comparto con ustedes algunas acciones y acontecimientos, que desde mi enfoque, constituyen parte de la historia de mi vida. Constituyen parte de mi desempeño como ser humano, como hija, como hermana, como madre, como abuela y como profesionista, entre otras cosas.

La adultez es una etapa en la que, de acuerdo con el Diccionario de la Real Academia Española, el ser vivo ha llegado a la plenitud de crecimiento o desarrollo, en la que se ha llegado a cierto grado de perfección y en la que se manifiesta una capacidad plena para reproducir. En este sentido les comparto algunas de mis experiencias vividas a través de estos años. Son una pequeña muestra de acciones realizadas, que pudieran ser relevantes. La intención es dar continuidad al relato de experiencias vividas en mi trayecto de vida. Son datos que les comparto y que son parte de la responsabilidad que como ser humano debo desempeñar con base en el trabajo realizado previamente.

La familia es el núcleo a partir del cual se constituye la sociedad, siendo el conjunto de personas que viven bajo normas comunes. Y si la familia es el núcleo de la sociedad, es indiscutible que ésta debe ser ejemplo en la práctica de acciones de valor. En lo que a este tema se refiere, pondero las acciones desempeñadas por mi familia, las que han sido, para mí, un ejemplo digno a seguir, y que he tomado como referencia durante mi trayecto de vida. De manera especial, ofrezco un homenaje a mi madre quien nos enseñó a sentir amor por nuestros semejantes y por todas nuestras acciones, nos enseñó a sentir amor por todo lo que la vida nos ofrece, a ser personas que aman el trabajo de manera responsable y con compromiso, lo que invariablemente genera un ambiente de armonía a nuestro alrededor.

Como seres humanos, convivimos, no solamente con la familia, sino también de manera especial con los amigos, quienes son significativamente valiosos para el logro de la madurez de las personas. El ser humano generalmente se siente identificado con personas más o menos de su misma edad, entre quienes se generan lazos de afecto y de cooperación interactiva que contribuye al fortalecimiento del sentido de ayuda mutua entre coetáneos. En este libro resalto también las relaciones de amistad, porque son muy relevantes, ya que también repercuten fuertemente en la formación del carácter y de la personalidad, influyen en el desempeño de las personas, en la interacción ante la comunidad y en la capacidad para atender las situaciones a las que la vida enfrenta.

Los amigos pueden orientar, pero también pueden desorientar. Por tal motivo es inminente la orientación, apoyo y vigilancia por parte de los padres de familia hacia los hijos, para que los hijos elijan como amigos a personas con costumbres basadas en el respeto a las normas.

De manera especial abordo el tema del amor, porque es un sentimiento inherente al ser humano, no puede existir la vida sin amor. El amor es una necesidad que está siempre presente en la vida humana. Vivimos el amor a los padres, a los hermanos, a los hijos, a la familia, a la pareja, al terruño, a la patria y a todo aquello que representa armonía y que nutre al espíritu, siendo el espíritu el aliento que da fuerza y vida a la persona.

Abordo el tema del amor al sexo opuesto, que ha estado presente en mi vida de acuerdo con la información guardada en mi memoria. Recuerdo que, desde mis escasos años, como alumna de la escuela primaria, se presentó la cosquillita del amor, más o menos, a partir de la edad de mis nueve años de vida.

Fue entonces que empezaron a llamar mi atención románticamente, los chicos. Esto es interesante, pues me lleva a reflexionar que, estos temas deben abordarse en el seno de la familia, porque el ser humano debe tener presente cuáles han de ser las características de las personas con las que se relaciona, y los niños no tienen la madurez suficiente para discernir acerca de estas cuestiones. Son los padres de familia quienes deben orientar a los hijos, con conversaciones relacionadas con estos temas formativos, en las que se tome en cuenta la edad a los hijos. Se les debe orientar con conversaciones basadas en la ponderación de los valores humanos, principalmente del amor, el respeto, el compromiso y la prudencia. Pero también se les debe hablar de los detractores que pueden llevarlos al fracaso y a la toma de decisiones equivocadas, que pudieran tomar en ese sentido, por la falta de información sana, apropiada y oportuna.

El ser humano es eminentemente social, no está acostumbrado a vivir aislado, sino que, a partir de su instinto gregario, necesita interrelacionarse con los demás. La interrelación con los semejantes favorece la superación. Cuando hay cooperación se avanza más rápidamente y de manera más eficaz y eficiente. La interrelación positiva favorece el éxito, favorece asimismo, el avance y la mejora continua. Por lo tanto, este tema no podía pasar desapercibido en esta reflexión que, más que referirse a mi vida personal, este tema, así como los otros a los que hago referencia en este libro, los abordo, no como si yo fuera la única persona que los ha vivido, sino que, estoy casi segura, que hay otras muchas personas que también han tenido vivencias semejantes y que de alguna manera se identifiquen con mis experiencias.

En cuanto a mis aportaciones, pues, como toda persona, he contribuido en la mejora de mi entorno, me he sumado a equipos de trabajo en la medida de mis posibilidades y lo hago con gusto y compromiso. Me interesa crear entornos armónicos, tanto enfocados al fortalecimiento de las relaciones humanas, como a la creación de entornos saludables. Me interesa desempeñarme con respeto al medio ambiente, cuidando la estética, el orden, la armonía, la belleza, la salud, y cuidando otros detalles que son relevantes y que pueden repercutir favorablemente en la vida de quienes me rodean.

Hago también una evaluación de mi trayecto de vida, porque considero que para avanzar y mejorar, todo trayecto se debe evaluar. Para hacer una evaluación siguiendo un método específico, decidí tomar como referencia el análisis FODA, que es sencillo, claro y fácil de seguir.

Al realizar una evaluación de mi desempeño como ser humano, me doy cuenta de que a lo largo de mi vida he realizado acciones que fueron exitosas, como resultado del apoyo que recibí de quienes estuvieron a mi lado y de mi asertividad para tomar decisiones adecuadas, pero también me doy cuenta de que hubo mucho que pude haber hecho y no lo hice, y que muchas acciones que realicé, si las hubiera hecho de otra manera hubieran tenido mejores resultados. Lo importante en este caso, es el hecho de volver la mirada hacia atrás en el tiempo, valorar los resultados logrados y retomar el camino para realizar acciones que mejoren nuestro desempeño en todos los ámbitos en los que participamos como personas.

Finalmente concluyo con breves comentarios, que a manera de reflexión me permiten cerrar este recorrido en el que les comparto algunas de mis vivencias.

Etapas de desarrollo

Etapa Prenatal

Realizo esta reflexión, a partir de momentos ocurridos en el pasado, incluso antes de mi nacimiento y para detallarla inicio con periodos de tiempo a los que llamo etapas de desarrollo. Quiero llamarle "prenatal", a esta etapa, tomando en cuenta que la palabra deriva de "pre" antes y "natal" nacimiento, es decir, lo que existe o se produce antes del nacimiento (Real Academia Española, 1993), en este caso, cito datos que sucedieron antes de mi nacimiento y que para mí son interesantes.

Cuando hacemos una retrospectiva de nuestro itinerario por este mundo, nos damos cuenta de que hemos vivido momentos muy extraordinarios y dignos de recordar, para disfrutarlos, para compartirlos y para hacer una evaluación de todas esas experiencias que fueron forjando nuestra personalidad y nos han permitido vivir intensamente, cada momento.

De vez en cuando, resulta interesante hacer una retrospección enfocada hacia nuestros orígenes. En lo personal, la historia de mi vida incluye para mí, momentos bellos, que con gran emoción recreo en mi memoria.

Pertenezco a una familia cuyos orígenes se ubican en el Estado de Michoacán. Mis padres nacieron en Isaac Arriaga (Santa Ana Mancera), en el municipio de Puruándiro, Michoacán. Es un pequeño poblado cuyos habitantes se dedican principalmente al cultivo de sorgo, maíz, trigo, cebada y avena. Poseen pequeñas granjas familiares, principalmente de cerdos, entre otros animales domésticos.

Muchos habitantes de este lugar han emigrado hacia los Estados Unidos de Norteamérica, algunos de ellos envían remesas de dinero a la familia que se queda, lo que significa una importante fuente de ingresos que les permite vivir mejor. Mi padre fue uno de estos viajeros, quien a una corta edad se fue a trabajar a los Estados Unidos, al regreso de uno de esos viajes conoció a mi madre, se enamoraron, se casaron y, se quedaron a vivir por un tiempo en Isaac Arriaga.

En ese entonces, Isaac Arriaga, era un lugar con calles empedradas por las que era fácil transitar, un bello lugar, entre cerros, con un clima templado y lluvioso, donde hasta la fecha crece el mezquite, el huizache, el cazahuate y el encino. La fauna de la región está constituida principalmente por huilota, codorniz, hurraca conejo, liebre, coyote, tlacuache y mapache, entre otros.

Mis padres pertenecían a familias acostumbradas a interactuar priorizando la práctica de los valores humanos, formados bajo normas de respeto hacia los semejantes y hacia el cuidado y el mejoramiento del medio en el que vivían. Se esforzaban por educar a la familia en un ambiente de armonía y equilibrio, a reconocer el valor de las cosas y a utilizarlas de manera eficaz y eficiente.

Consideraban, y estaban seguros de que así era, que la práctica de los valores humanos era la vía segura para generar un entorno sano. La familia enseñaba a amar la vida, a agradecer a Dios por la oportunidad de vivir y de gozar de las facultades que permiten superarse día a día.

Los abuelos eran personas con un firme espíritu de superación. Eran personas tenaces, trabajadoras y organizadas. Les gustaba ayudar a los demás, ser solidarios con quienes lo necesitaban. Sus enseñanzas las otorgaban no solamente con recomendaciones sino principalmente con el ejemplo.

Y, a propósito de valores, debo destacar, que el nombre de Isaac Arriaga, pertenece a un ilustre paladín mexicano, a un luchador social, por tal motivo es importante ponderar su vida y obra.

Isaac Arriaga nació en Puruándiro Michoacán el 1 de junio de 1890. Se dice que desde los cinco años de edad, trabajaba para ayudar a su familia, que acarreaba agua y vendía pan. Quedó huérfano de padre a temprana edad, por lo que desde niño ayudaba a su madre con los gastos del hogar (Departamento de Bibliotecas de la Secretaría de Educación Pública, 1936).

Isaac Arriaga se acomedía a llevar las escopetas cuando los señores iban de cacería, de regreso les cargaba los morrales con el producto de la caza. Entre los datos que de él se citan, es que un día atrapó dos patos vivos, los señores se los regalaron, y como no tenía un lugar con agua en el que los patos pudieran nadar, escarbó un estanque para ellos; para rellenarlo de agua, diariamente iba a lugares muy retirados a acarrear tan preciado líquido.

Desde pequeño demostró simpatía por la política, le agradaba pararse junto a tiendas y farmacias, a escuchar las pláticas de las personas mayores, para informarse de los movimientos políticos de la época. Como su madre no tenía recursos y él tenía deseos de estudiar, a los 13 años de edad se fue a Morelia. Al regresar de ese viaje, le dijo a su mamá que ya estaba inscrito en la Universidad de San Nicolás de Hidalgo. En esta escuela estudiaron Miguel Hidalgo y Costilla, José María Morelos y Pavón y otros grandes hombres que ofrendaron su vida para dar libertad a los mexicanos.

Isaac Arriaga, por su aplicación, llegó a ocupar el primer lugar en la clase. Tenía buena conducta, estudiaba con ahínco y era líder de sus compañeros. Más tarde fue profesor de ese mismo colegio. Además, llegó a ser pasante de medicina. Una vez que terminó sus estudios en el Colegio de San Nicolás apoyó a la gente, que como él, era de escasos recursos. Instruía a los campesinos por medio de conferencias y fundando bibliotecas. Se convirtió en defensor de la clase humilde. Fue un hijo y hermano cariñoso. Se ocupó de que sus hermanos estudiaran y fueran a la escuela.

Ocupó el cargo de Presidente de la comisión Local Agraria de Morelia. Se ocupaba de ayudar a los trabajadores. Platicaba con los campesinos haciéndoles saber sus derechos, fundó bibliotecas y periódicos y, se hizo maestro de la juventud.

Fue diputado en el Estado de Michoacán. Predicaba el socialismo. Tomó las armas en favor de la causa constitucionalista y llegó a ser coronel del ejército. Años más tarde lo nombraron Presidente de la Comisión Ejidal. Repartió los latifundios entre los indígenas quienes lo tenían como padre y maestro. En él tenían forjadas sus ilusiones. Para liberar a los campesinos de la esclavitud feudal, realizó una verdadera campaña contra el latifundismo. Dotó a numerosos pueblos de ejidos y los zapatistas fueron siempre sus amigos.

Fue un hombre valeroso y enérgico, se le reconoce como apóstol del agrarismo, el mejor socialista del pueblo michoacano. Michoacán de Ocampo lo presenta como un paladín de las libertades públicas.

Fue escritor ilustre, autor de una revista literaria llamada Flor de Loto. Fue fundador de la sociedad literaria llamada Melchor Ocampo, institución que fundó para que los alumnos tuvieran la oportunidad de estudiar las primeras letras. Fundó además, una revista, para dar a conocer los trabajos literarios. En esa sociedad se formaron muchos escritores michoacanos de mérito.

Cuando le faltaba un año para terminar su carrera de médico estalló la revolución, esta era una oportunidad para liberar a su pueblo y se lanzó a la revolución. Entró como soldado, al mando del General Don José Rentería Lubiano. Por su valentía y arrojo llegó a alcanzar el grado de Teniente Coronel. Al finalizar la Revolución se fue con el General Francisco J. Mújica a servir a la nación.

Por sus convicciones, fue asesinado de manera artera en la Plazoleta de Villalongín, Michoacán, el 12 de mayo de 1921 por un individuo llamado Eladio García. Murió a la edad de 31 años, el 12 de mayo de 1921. Estando él presente en una manifestación de fanáticos, fue asesinado por un criminal, quien estando en desacuerdo con la libertad y los derechos del pueblo, lo asesinó de manera artera. Sus restos fueron trasladados al Panteón de Dolores, en Morelia Michoacán. Se dice que los autores intelectuales de este asesinato fueron la burguesía, los latifundistas y el militarismo.

Como un homenaje que le ofrece el pueblo de Michoacán, varias bibliotecas llevan el nombre de Isaac Arriaga. Entre las que podemos mencionar está, la "Biblioteca Pública Isaac Arriaga", ubicada en la Calle Independencia No. 174, en Puruándiro Michoacán; la "Biblioteca Isaac Arriaga", ubicada en la Casa del Agrarista, Calle de Sor Juana Inés de la Cruz Número 116, en México, D. F.

Es interesante mencionar que el Estado de Michoacán no solamente es cuna de distinguidos hombres y mujeres, tiene también el privilegio de ser un santuario elegido por la Mariposa Monarca, para pasar el invierno. Estas mariposas son viajeras procedentes del sur Canadá y del norte de los Estados Unidos. Tienen un ciclo corto de vida, aproximadamente entre cuatro y cinco semanas. Su proceso inicia en una etapa de huevo, después se convierte en larva, luego en pupa o crisálida, pasa a su etapa de adulto con capacidad de reproducirse, y después muere. Sin embargo, cuando en el norte termina el verano, una generación de mariposas con un ciclo de vida más largo, entre siete y ocho meses, migra hacia el sur, en busca de lugares más cálidos para pasar el invierno.

Por este motivo, cada año, a finales de octubre, en Michoacán, se les da la bienvenida a millones de estos hermosos ejemplares, que ofrecen un bello espectáculo, luciendo sus alas de un color naranja brillante, con líneas negras y manchas blancas. Llegan al lugar en el que pasarán el invierno ubicándose en los frondosos árboles de oyamel.

A mediados de febrero, las hembra, después de aovar, cada una de ellas, una cantidad aproximada de cuatrocientos huevecillos, buscan las flores de unas plantas llamadas algodoncillos o asclepias, para alimentarse y estar suficientemente fuertes, pues, a mediados de marzo realizan el largo viaje de regreso a su lugar de procedencia en donde finalmente morirán (National Geographic Society, 2009).

Infancia

En lo que se refiere a mis datos personales, les comparto que mis padres fueron Celia Razo Espinoza y Candelario Macías Vargas. Mis abuelos maternos fueron Carmen Espinoza Martínez y Francisco Razo Guerra y mis abuelos paternos, Salud Vargas y Nemesio Macías.

Yo nací en H. Matamoros, Tamaulipas, el 15 de febrero de 1950, y es un compromiso ineludible hablar de este bello lugar, ubicado en el extremo noreste de la República Mexicana. Matamoros es un municipio privilegiado, flanqueado por el agua del Golfo de México, con una amplia playa bañada de sol, con las características específicas de las amplias playas del lado Este del Continente Americano.

Matamoros es un municipio ubicado en el extremo noreste de Tamaulipas, tiene frontera al Norte con Brownsville Texas, esta ciudad perteneciente a los Estados Unidos de Norteamérica, ambas ciudades están separadas geográficamente por el Río Bravo, que es una corriente abundante de agua que nace en el Suroeste del Estado de Colorado, en los Estados Unidos de Norteamérica. El municipio de Matamoros, limita al Sur con el Municipio de San Fernando y la Laguna Madre, al Oeste con el municipio de Valle Hermoso, al Este limita con el Golfo de México que nos regala la hermosa playa que lleva el nombre del matamorense, General Lauro Villar Ochoa.

Cabe mencionar que, el General Lauro Villar Ochoa, durante la llamada Decena trágica (nombre que se le dio al golpe militar perpetrado para derrocar a Francisco I. Madero de la Presidencia de la República), que se llevó a cabo del 9 al 19 de febrero de 1913, estaba a cargo de la defensa de Palacio Nacional, en esa batalla murió el General Bernardo Reyes quien comandaba el grupo que asaltó el Palacio Nacional. El General Lauro Villar resultó herido del omóplato, es entonces que, por órdenes de Francisco I. Madero, lo sustituye en el cargo Victoriano Huerta. (Sergio R. Salcido G, 1985)

Más tarde Victoriano Huerta ordenó la muerte del Presidente de México Francisco I. Madero y del Vicepresidente José María Pino Suárez, este hecho ocurrió el 22 de febrero de 1913. Huerta usurpó el poder ocupando el cargo de Presidente de la República, de 1913 a 1914. Lauro Villar siguió en funciones durante ese periodo y, estuvo presente en la firma de los tratados de Teoloyucan en los que se disuelve el Ejército Federal. Fue condecorado con el Mérito Militar de Primera Clase, distinción que ocupó hasta el año de 1923 cuando ocurrió su fallecimiento.

Los restos del General Lauro Villar Ochoa fueron sepultados en el Panteón del Tepeyac, posteriormente fueron exhumados y trasladados a Matamoros, Tamaulipas, hoy se encuentra sepultado a un costado de la estatua de Mariano Matamoros ubicada a la entrada de la ciudad de Matamoros, viniendo de Reynosa Tamaulipas. (Jimmy Wales, Larry Sanger, 2001)

Matamoros, Tamaulipas, es un municipio de relieve plano, el clima es extremoso, en verano muy caliente y en invierno muy frío, con un buen toque de humedad por el hecho de encontrarse muy cercano al mar. Cuenta con las bondades que le proporcionan el Río Bravo y el Arroyo del Tigre, que permiten abastecer de agua a la población, y atender la agricultura y la ganadería, cuenta además con algunas lagunas de agua dulce y salada que humedecen esta región.

La vegetación que predomina en el municipio de Matamoros, consiste en pequeños arbustos, huizaches, mezquites, ébanos y palo blanco, entre otros, además, cuenta con pastizales que se utilizan para alimento de la ganadería. Matamoros, también forma parte de la ruta que sigue la mariposa monarca. En esta región abunda una gran variedad de pájaros, entre ellos la paloma de ala blanca, la codorniz, y otros animales como el tlacuache y el coyote, por citar algunos.

En el año de 1519, el capitán Alonso Álvarez de Pineda llevó a cabo una breve expedición a la región del norte de Tamaulipas, descubrieron que en este lugar, corría un río, hoy lo conocemos con el nombre de Río Bravo, ellos lo llamaron Río de las Palmas, porque precisamente es una región donde, hasta la fecha, abundan las palmas. La expedición oficial a Matamoros se inició en 1686, cuando el Gral. Alonso de León "El Mozo", exploró la zona y concluyó que el Río Bravo era una excelente ruta para la navegación, y que el área donde hoy se ubica Matamoros, era un lugar ideal para la cría de ganado.

Lo que hoy es Matamoros, fue fundado en 1774, y se le llamó "San Juan de los Esteros", por la gran cantidad de esteros que había en la región. En 1793, Francisco de Puelles y Manuel Julio de Silva, dos misioneros franciscanos, establecieron una capilla en "San Juan de los Esteros", y propusieron un nuevo nombre para la comunidad, "Congregación de Nuestra Señora del Refugio de los Esteros", en honor a la patrona de los misioneros franciscanos. El primer Presidente Constitucional fue Don Cayetano Girón, en 1800 y fue cuando se construyó la Plaza de Armas (hoy Plaza Hidalgo) y el Palacio de la Presidencia Municipal (Heroica Matamoros. Historia, 2018).

En 1826, el Gobernador Lucas Fernández envió el Decreto No. 12 para cambiar el nombre de la Villa del Refugio por el de Villa de Matamoros, en honor a Mariano Matamoros, héroe de la Guerra de Independencia de México que participó al lado de José Ma. Morelos y Pavón.

Mariano Matamoros nació en la Ciudad de México el 14 de agosto de 1770. Pasó su infancia en Ixtacuixtla, Tlaxcala. En la Ciudad de México se graduó de bachiller en arte en 1786 y bachiller en teología en 1789. Fue ordenado sacerdote en 1796.

Mientras ejercía como párroco de Jantetelco, comenzó a simpatizar con las ideas de los criollos en favor de la independencia, razón por la cual fue denunciado a las autoridades españolas poco antes de que diera comienzo la guerra. Pudo escapar para integrarse en Izúcar, Puebla, a las filas insurgentes del cura José María Morelos y Pavón, el 18 de diciembre de 1811.

Morelos lo nombró coronel de Estado Mayor y le encomendó la formación de su propio cuerpo militar. Con los habitantes de Jantetelco y lugares aledaños, Matamoros construyó su ejército con una notable disciplina militar, apoyado por Manuel Mier y Terán.

Sus primeras acciones de guerra con un mando independiente fueron en Tecualoya y Tenancingo. Acompañó a Morelos en el sitio de Cuautla del 9 de febrero al 2 de mayo de 1812. Participó en la toma de Oaxaca el 25 de noviembre de 1812, junto con Nicolás Bravo, Hermenegildo Galeana, Guadalupe Victoria y Morelos.

El 19 de abril de 1813, Matamoros obtuvo uno de sus mayores triunfos militares al derrotar al realista Manuel Dambrini en Tonalá, Chiapas, este lugar, en ese entonces, formaba parte de la Capitanía de Guatemala. Tras ser enviado por Morelos a cruzar el Istmo de Tehuantepec y enfrentarse y derrocar al regimiento guatemalteco realista comandado por Dambrini, Morelos le confirió el grado de Teniente General. El triunfo en la llamada Batalla de La Chincúa, se llevó a cabo en una de las rancherías de Tonalá, Chiapas, donde crece el árbol de Chincúa, que es una fruta anonácea. De ahí proviene el nombre de esa batalla.

Desde ese lugar Mariano Matamoros envió una carta al obispo de Ciudad Real, hoy San Cristóbal de las Casas, para explicar el motivo de su lucha insurgente. Posteriormente, se dirigió a Veracruz en donde auxilió a Nicolás Bravo para tomar la plaza de San Juan Coscomatepec. El 16 de agosto del mismo año derrotó al batallón de Asturias en San Agustín del Palmar, comandado por Manuel Martínez y Juan Cándano. Morelos reconoció la habilidad de Matamoros para la guerra, y lo elevó al rango de Lugarteniente General, su verdadera mano derecha, como lo llamaba.

El 23 de diciembre de 1813, Matamoros participó en un intento de toma de Valladolid, donde las tropas de Hermenegildo Galeana y Nicolás Bravo fueron repelidas en varias ocasiones. Esa noche, los insurgentes se replegaron a las Lomas de Santa María, a las afueras de la ciudad, y las tropas de Agustín de Iturbide y Ciriaco del Llano atravesaron la infantería insurgente.

Morelos ordenó a Matamoros trasladarse, con el resto del ejército insurgente a la Hacienda de Puruarán, situada cerca de Valladolid, el 5 de enero de 1814, siendo derrotados otra vez por las fuerzas de Iturbide. Matamoros intentó escapar cruzando un vado cercano sobre el río que baña la hacienda de Puruarán, pero fue capturado por un soldado dragón del Batallón de Infantería de Frontera.

Matamoros fue llevado preso a la cárcel clerical de la Inquisición en Valladolid, hoy Morelia. Morelos ofreció, desde Coyuca, al virrey Félix María Calleja, mediante un soldado español a quien liberó, la vida de doscientos prisioneros españoles a cambio de la libertad de Matamoros, pero ni así lo pudo recuperar.

Después de ser entregado a las autoridades civiles, se le declaró culpable de traición a Fernando VII. Fue ejecutado en el Portal de Ecce Homo, hoy llamado Portal de Matamoros, en Valladolid, el 3 de febrero de 1814. El 16 de septiembre de 1823, Matamoros fue honrado como Benemérito de la Patria. Sus restos fueron trasladados a la catedral metropolitana de la Ciudad de México ese mismo año y permanecieron ahí hasta 1925, año en que fueron colocados en el mausoleo de la Columna de la Independencia. El 30 de mayo de 2010 fueron exhumados sus restos con honores máximos y llevados al Museo Nacional de Historia, en el Castillo de Chapultepec, para someterlos a proceso de conservación (Jimmy Wales, Larry Sanger, 2001).

Como un reconocimiento al patriotismo de Mariano Matamoros, al lugar en donde se encontraba la Villa del Refugio o Congregación de Nuestra Señora del Refugio, el 28 de enero de 1826, por el Decreto Número 12, se le concede el título de Villa de Matamoros.

En el Decreto 12 se expresa que:

El Congreso Constitucional del Estado Libre de Las Tamaulipas, deseando fomentar la población y para perpetuar la memoria de uno de los mártires de la patria, he decretado lo siguiente:

Artículo Primero: Se concede a la Congregación del Refugio el título de Villa de Matamoros. Ciudad Victoria, enero 20 de 1826. Lucas Fernández, José Rafael Benavides (Heroica Matamoros. Historia, 2018).

Hoy en día Matamoros es un municipio fronterizo, con un clima cálido semitropical. El Golfo de México a menos de media hora de la ciudad, le permite disfrutar de las tibias aguas de la Playa Lauro Villar, también llamada Playa Bagdad (Heroica Matamoros. Historia, 2018).

El nombre de Playa Bagdad lo recibe porque en 1850 ya existía en la desembocadura del Río Bravo un puerto fluvial llamado Puerto Bagdad, donde vivían alrededor de 15 000 personas que construyeron sus casas principalmente de madera, en terrenos arenosos. No hay datos acerca de la procedencia del nombre que se le asignó a este puerto. Se dice que se le puso el nombre de Puerto Bagdad por la semejanza con la capital de Irak. Ramón Guerra, Gobernador de Tamaulipas, decretó en 1858 la creación de una zona de libre comercio internacional, que en 1861 fue ratificada por el Presidente de México Benito Juárez. En esta zona se favoreció el intercambio comercial entre los Estados de Tamaulipas, Nuevo León, Coahuila, Durango, Chihuahua y Nuevo México. Se utilizaban barcos que navegaban por el Río Bravo transportando café, ixtle, especias, vainilla, aguardiente, telas. Al puerto llegaban de Europa, vinos, pianos, máquinas de coser, telas, calesas, metales preciosos, velas, planchas de hierro, maderas preciosas, entre otras cosas.

Durante la Guerra de Secesión de los Estados Unidos que sucedió entre 1861 y 1865, el Puerto Bagdad fue un enlace muy importante para los Estados rebeldes Confederados del sur de los Estados Unidos, quienes exportaban sus productos principalmente el algodón, usando el Puerto Bagdad, debido a que durante el conflicto, la Armada de los Estados Unidos tenía bloqueados los puertos confederados. La mercancía que provenía de Texas, Arkansas y Luisiana y se transportaba por el Río Bravo utilizando un Ferry, que cruzaba de Brownsville a Matamoros, de ahí se transportaba al Puerto Bagdad para enviarla a la Habana con rumbo a Europa. La mercancía salía en botes hacía pequeñas embarcaciones ancladas a cierta distancia de la playa. Los botes regresaban con medicinas, telas, zapatos, armas y municiones. Al finalizar la Guerra de Secesión el Puerto Bagdad cayó en una depresión económica.

Posteriormente, Bagdad se convirtió en puerto de entrada para los liberales mexicanos. En 1866 se libró en este puerto la Batalla de Bagdad, durante la Segunda Intervención Francesa, librada entre los liberales mexicanos apoyados por el Batallón Negro de las tropas estadounidenses estacionado en Brownsville, Texas, en contra de las fuerzas francesas y de los conservadores mexicanos, de la que salieron victoriosas las fuerzas liberales. En 1889 la región fue azotada por un fuerte ciclón que dejó el área devastada y cubierta de bancos de arena apilada por el ciclón, de esta manera desapareció el puerto Bagdad.

En la actualidad, la cultura continúa enriqueciéndose, con la interacción que se establece entre la población matamorense y los habitantes de la vecina Ciudad de Brownsville, Texas, de los Estados Unidos de Norte América, con cientos de años de tradición, historia y hermandad compartida.

Matamoros cuenta con cuatro puentes internacionales que la unen con los Estados Unidos, un aeropuerto internacional, además de un sistema de carreteras, que facilita la comunicación con las principales ciudades de la República Mexicana (Heroica Matamoros. Historia, 2018).

El pueblo de Matamoros ha defendido de manera exitosa a México, de las invasiones extranjeras, lo que le ha valido a la ciudad el título de Heroica, Leal e Invicta (Heroica Matamoros. Historia, 2018).

Matamoros cuenta con diversos museos que relatan su pasado:

El Museo de Arte Contemporáneo de Tamaulipas, que abre sus puertas invitando a explorar el interesante mundo del arte y la creatividad humana con exposiciones de artistas locales, así como artistas de renombre internacional.

El Museo Fuerte Casa Mata, fiel testigo de nuestras raíces, donde se relatan los acontecimientos que han forjado el carácter de nuestra ciudad.

El Museo del Agrarismo Mexicano, con modernas instalaciones, único en su temática, ofrece una visión más amplia de lo que fue "El Movimiento Agrario en México" durante la época de la Revolución Mexicana, teniendo lugar en lo que hoy están sus instalaciones, la primera repartición de tierras para los campesinos, conocido aún como Ejido Lucio Blanco.

Otro espacio cultural es el Parque Olímpico Cultura y Conocimiento, construido en el año 2004, cuenta con la hemeroteca municipal, biblioteca y un auditorio al aire libre, donde tienen lugar eventos masivos importantes. (Heroica Matamoros. Historia, 2018).

En la Ciudad de Matamoros, Tamaulipas se encuentra ubicado el Consulado Americano, que es un moderno edificio que inició sus funciones de atención al público en abril de 2019.

De nuevo, en lo que corresponde a mi propia historia, les comparto que mi familia materna, desde nuestros antepasados, que vivieron en Isaac Arriaga, ha estado constituida por personas muy dinámicas. Mi bisabuela por ejemplo, maquilaba dulces artesanales a base de leche y piloncillo, muy agradables al paladar, los preparaba en un cazo de cobre, eran muy solicitados por los habitantes de la comunidad. Por las tardes, mi bisabuelita bajaba a vender sus dulces en una plazuela en donde por las tardes se concentraban algunas familias, unos a comprar y otros a vender toda clase de alimentos, desde arroz con leche, pozole, carnitas, guisados, uchepos. Los uchepos son tamales tradicionales michoacanos, hechos con masa de elote, molido aún tierno.

En la placita vendían también tamales de carne, de dulce, rojos, de ceniza, de puscua. La puscua consiste en maíz puesto a remojar toda la noche, se pone a cocer sin agregarle cal, se lava muy bien y se muele. Con la masa preparaban los tamales y el atole de masa, o atole de puscua para venderlo por las tardes en la placita de abajo, y digo de abajo porque el terreno en el Isaac Arriaga no es plano, hay subidas y bajadas. La gente contaba historias muy interesantes relacionadas con el Cerro de la Campana y con una cueva que llamaban La Cueva del Capulín. Estas historias contadas por los mayores, nos permitían a los pequeños vivir estos relatos de manera muy emocionante.

Una tía abuela, hermana de mi abuelita materna tenía en su casa una cenaduría, a la que acudía la gente cada noche a cenar. Era común que fueran a cenar algunos elementos del ejército quienes eran clientes muy frecuentes. La cenaduría era atendida por mi tía y sus dos hijas. Ellas tenían en casa su propia hortaliza que incluía repollo, cebolla, rábano, cilantro, lechuga, tomate, entre otras verduras.

Los hombres de la casa también eran muy trabajadores. Muy temprano por la mañana, los que trabajaban en el campo se dirigían a sus labores a realizar el trabajo cotidiano, algunos se dedicaban a la agricultura, otros criaban ganado porcino, en corrales, otros tenían ganado vacuno o caprino que llevaban muy temprano a los pastizales, y por las tardes regresaban para resguardarlos en los corrales. Como las calles eran empedradas, recuerdo que se escuchaba el golpeteo de los cascos de las patas de los animales, que emitían un sonido muy peculiar que producía el choque de las pezuñas de los animales contra las piedras.

Mi abuelo materno tenía algunas piezas de ganado vacuno, y desde que nacían los animales los iba educando y los hacía a su manera, él les hablaba y los animales entendían, le obedecían sus órdenes. Nos contaba que en la comunidad había personas que se robaban el ganado, y en una ocasión le robaron unas vacas. Ese día esperó a que llegara la noche y salió a buscarlas, y dio con el lugar donde las tenían, se supone que había animales de diferentes dueños. Él, muy despacio se acercó a los animales y empezó a llamarlos como tenía acostumbrado y los animales uno por uno lo fueron siguiendo y se los llevó a su casa. Al amanecer los hombres se dieron cuenta y fueron a buscar a mi abuelo y lo golpearon salvajemente, a golpes le partieron el labio superior desde la nariz, recuerdo que él tenía su cicatriz, que le quedó como recuerdo de ese desafortunado evento. Salvó su vida porque la hija del encargado de la Hacienda intervino para que dejaran de golpearlo. Ese fue el motivo principal por el que mis abuelos decidieron irse a vivir definitivamente a Matamoros, Tamaulipas.

Cuando yo tenía la edad de dos años, mis abuelos (los padres de mi madre) se enteraron de que en el municipio de Matamoros, Tamaulipas, estaban repartiendo tierras, eso los motivó aún más a emigrar al norte del país. A su llegada se establecieron en el Rancho San Lorenzo. En la ciudad de H. Matamoros, Tamaulipas, rentaron una casa a la que se fueron a vivir mis tíos, unos, con la intención de realizar sus estudios y otros con el deseo de trabajar. Los dos tíos mayores entraron a trabajar en un puesto de curiosidades en el Mercado Juárez, después uno de ellos compró su propio puesto, el otro se casó y se fue a residir en la vecina ciudad de Brownsville, Texas. Mi tía, la mayor, se quedaba en casa para atender las labores del hogar, posteriormente se casó y se fue a vivir a los Estados Unidos, otros dos tíos míos, ingresaron a la escuela, uno de ellos concluyó la carrera de maestro y otro de abogado, mi tía la menor solamente concluyó la Primaria, después se fue a vivir a los Estados Unidos.

Mis padres acostumbraban vivir temporadas en Matamoros y temporadas en Isaac Arriaga. De su matrimonio nacimos cuatro hijos, María Teresa (la mayor), en segundo lugar Graciela (yo), en tercer lugar José Miguel y posteriormente Manuel (el más pequeño), los cuatro hermanos nacimos en Matamoros, Tamaulipas.

En el transcurso de mis primeros años, vivimos en Isaac Arriaga. Cuando solamente habíamos nacido mi hermana Tere y yo, nos fuimos a vivir un año a la Ciudad de México, donde mi padre consiguió empleo en una fábrica de estampados de telas, la fábrica se llamaba "Estampados Maya". Mi madre nos hacía vestidos con telas que se elaboraban en esta fábrica. Debo decir que mi madre era una experta en la confección de prendas de vestir, esta habilidad la aprendió de manera empírica. Después de que transcurrió este año, fuimos a vivir a Matamoros, Tamaulipas, donde nació mi hermano Miguel, y posteriormente regresamos a Isaac Arriaga.

Cuando yo tenía cinco años nos visitaron los abuelos, quienes de regreso a Matamoros en esa ocasión se llevaron a mi hermana Tere con ellos, con la intensión de que ingresara a la escuela bajo la tutela de los abuelos. Ella se fue con ellos feliz y yo me quedé muy triste. Lloré por su partida, pero como todo dolor lo cura el tiempo, con los días lo superé.

Posteriormente en uno de los viajes a Matamoros nació mi hermano Manuel, un niño muy querido y consentido por todos los tíos y los abuelos. Cuando Meme cumplió cinco meses regresamos a Isaac Arriaga. En ese viaje Tere se regresó con nosotros. En Isaac Arriaga ingresamos a la escuela, para Tere fue un impacto tremendo, porque estaba acostumbrada a vivir con mis abuelos y además, la enseñanza escolar, en Isaac Arriaga, era diferente a la manera de enseñar en Matamoros. Un ejemplo era la forma de realizar los problemas de dividir, en Matamoros la casita (como le decíamos al trazo de la figura para realizar la división) era hacia abajo y en Isaac Arriaga era hacia arriba. Además se burlaban de nosotros porque hablábamos al estilo del Norte. A mí eso no me interesaba, pero a mi hermana si le impactaba fuerte. En Isaac Arriaga, mi hermano Miguel ingresó al Jardín de niños, cuyas clases se llevaban a cabo en lo que era el casco de la Hacienda de Santa Ana. Era un bello lugar, ornamentado al estilo de la región, con macetas distribuidas por los corredores, todas ellas cuajadas de flores coloridas.

Recuerdo mi salón de clases, amueblado con bancos binarios. Mi maestro era una persona muy comprometida con la enseñanza. En una ocasión invitó a los padres de familia para que fueran testigos de una evaluación a los alumnos. Inició el ejercicio con un dictado de palabras y posteriormente con una lectura. Esa experiencia marcó mi vida, para mí, cometer un error frente a los padres de familia significaba una enorme vergüenza. Desde ese momento se sentaron las bases de la responsabilidad y el compromiso por obtener siempre calificaciones que respondieran al esfuerzo realizado, y de parte mía, siempre ha sido el máximo esfuerzo. Una de las actividades escolares que disfrutaba era la que se refiere a las clases de costura y bordado, porque aparte del aprendizaje de este arte, aprovechábamos para platicar entre las compañeras de grupo, lo que representaba un delicioso relajamiento.

Una de las experiencias interesantes que viví en Michoacán, fue el haber tenido el privilegio de estrechar la mano del

General Lázaro Cárdenas del Río, en una visita que él hiciera a Isaac Arriaga, años después de haber terminado su periodo de gobierno como Presidente de la República Mexicana. En esa ocasión le bailamos, entonando nosotras mismas las canciones y le hicimos pequeños regalos, yo le regalé una canasta con flores naturales, fue una vivencia muy emocionante.

Lázaro Cárdenas del Río era muy querido por los michoacanos. Él nació en Jiquilpan, Michoacán, el 21 de mayo de 1895 y falleció en19 de octubre de 1970 en la Ciudad de México. Fue el mayor de ocho hermanos, hijo del señor Dámaso Cárdenas Pinedo y la señora Felicitas del Río Amezcua. En 1913 ingresó a las fuerzas revolucionarias de Martín Castrejón, habiendo alcanzado a los veinticinco años, el Grado de General.

Fue Gobernador del Estado de Michoacán de 1928 a 1930, Secretario de Gobernación en el gabinete del Presidente de la República Pascual Ortiz Rubio y dirigente del Partido Nacional Revolucionario. Fue Presidente de la República Mexicana del 1 de diciembre de 1934 al 30 de noviembre de 1940 y Secretario de Guerra y Marina durante el gobierno del Presidente Manuel Ávila Camacho.

Durante los primeros años como Presidente de México tuvo serios enfrentamientos con el General Plutarco Elías Calles a quien obligó a abandonar el país en 1936 y a exiliarse en los Estados Unidos.

Lázaro Cárdenas del Río creó la Confederación Nacional Campesina y la Confederación de Trabajadores de México, consolidó las bases del Partido Nacional Revolucionario que evolucionó hacia el Partido de la Revolución Mexicana, que fueron antecedentes del Partido Revolucionario Institucional.

Creó el Instituto Politécnico Nacional y el Colegio de México. Dio asilo a muchos españoles que huyeron de su país durante la Guerra Civil en España.

Entre 1937 y 1938 completó la nacionalización de la red ferroviaria y expropió las compañías petroleras residentes en México.

Transformó el Castillo de Chapultepec, que era la residencia de los gobernantes del país, en el Museo Nacional de Historia, impulsó la iniciativa para clausurar casas de juego, y en su gobierno cesó la hostilidad hacia la iglesia católica.

Fundó el Instituto Politécnico Nacional, el Colegio de México y el Instituto Nacional de Antropología e Historia. Modificó la Ley Agraria, amplió la red de carreteras, permitió la entrada a refugiados políticos de muchos países

Al terminar su mandato como Presidente de la República, estuvo a cargo de la Región Militar del Pacífico en la Segunda Guerra Mundial. Fue Secretario de la Defensa Nacional del Presidente Manuel Ávila Camacho, además de muchas otras acciones que realizó en beneficio del pueblo de México (Jimmy Wales, Larry Sanger, 2001).

De nuevo, en el relato de mis experiencias infantiles, debo agregar que la vida en Isaac Arriaga tenía momentos muy interesantes. Les platicaré que cerca de mi casa pasaba un arroyo de buen caudal, al que las señoras acudían a lavar la ropa y los niños a bañarnos y a jugar en la corriente de agua cristalina que llevaba el arroyo, que provenía de un nacimiento de agua cercano. Para los niños, todo era divertido, y para las señoras también, ya que aprovechaban para disfrutar de largas y amenas charlas.

En casa teníamos una vaca a la que bautizamos con el nombre de "Mora", por su color negro, muy oscuro. Por las mañanas mi padre acostumbraba ordeñarla y tomábamos leche riquísima, recién ordeñada, aún tibia. Mi madre era una excelente cocinera, siempre preparaba alimentos deliciosos y muy nutritivos, con tortillas recién hechas, con sus maravillosas manos, que les daban el toque especial a los alimentos.

Les contaré que a mí me gustaba mucho cantar, por las tardes me subía al brazo de un mezquite y cantaba a todo lo que daba mi pecho. Por el terreno de la casa cruzaba un arroyito, en él nadaban unos pequeños patos que teníamos en casa. Mi hermano Miguel se entretenía jugando con un amiguito, entre las plantas que tenía mi madre en su jardín, les encantaba comerse el cilantro que mi madre tenía sembrado en esa área de la casa. La cerca que flanqueaba la casa, como la de las otras casas del pueblo, estaba construida con grandes piedras que le daban un toque especial al lugar. En ocasiones, por las tardes salíamos a pasear al campo. Me encantaba observar los campos dorados, sembrados de trigo, que brillaban hermosamente bajo los rayos del sol.

Después de un año de estar viviendo en Isaac Arriaga, regresamos a Matamoros. Tere continuó sus estudios en la Escuela "Adalberto J. Argüelles", institución en la que anteriormente ella estudiaba. Yo me fui con mis abuelos al Rancho "San Lorenzo", lugar en el que estudié el Primer Grado de Primaria. Ese año, mi maestro, me llevó a concursar en aprovechamiento, a la ciudad de H. Matamoros. El evento se llevó a cabo en la Escuela "Josefa Ortiz de Domínguez". Fue una experiencia muy interesante, inolvidable. Al año siguiente continué mis estudios en la Escuela "Adalberto J. Argüelles", donde terminé el nivel de Primaria.

La escuela rural ubicada en el Ejido San Lorenzo, del municipio de Matamoros, Tamaulipas, era una escuela de turno discontinuo a la que asistían niños de varios ranchos circunvecinos. Por la mañana, estos niños y niñas, antes de que iniciaran las clases cotidianas, llegaban muy temprano, a la casa de mis abuelos y ahí dejaban su lonche, porque en el descanso intermedio entre el turno matutino y el turno vespertino, mi abuelita los atendía para que tomaran sus alimentos en casa, de una manera tranquila y agradable y para que aprovecharan para descansar un rato para después regresar a la escuela a continuar con las clases del día, hasta terminar el turno vespertino.

Mi hermano Miguel ingresó al Jardín de niños "Ixtaczóchitl", en H. Matamoros, y mi hermanito Manuel aún era un hermoso y robusto bebé muy amado por todos los tíos.

Mis abuelos fueron un gran ejemplo de trabajo, eran personas que fomentaban el espíritu de responsabilidad y superación. Ellos tenían su lugar de residencia en el ejido San Lorenzo, mi abuelo se dedicaba al cultivo de la tierra y a la cría de animales, entre los que se encontraban, cerdos, gallinas, pollos y cabras.

Mi abuelita atendía el hogar y además tenía una tienda a la que acudían los habitantes del ejido a comprar algunos artículos para atender las necesidades de sus hogares. Cada fin de semana los abuelos iban al pueblo a llevar algunos productos del ejido y a surtir lo que les hacía falta, tanto para las necesidades del hogar como para la tienda que ellos tenían.

Cuando éramos niños, al finalizar el ciclo escolar, pasábamos las vacaciones en el ejido San Lorenzo, con nuestros abuelos. Recuerdo principalmente a mi hermano Miguel y mi hermano Manuel, quienes se divertían interactuando con los niños que vivían en el rancho. Estos niños, en su mayoría, eran ahijados de nuestros abuelos. Mis hermanos se divertían en grande durante esos días, porque cabe decir que el cariño que nos prodigaban los abuelos, era excepcional.

Durante ese tiempo la siembra del algodón estaba en auge. Los campos se vestían de blanco y entre surco y surco de manera salteada mi abuelo sembraba sandía, melón, tomate y frijol. Para nosotros la cosecha era diversión y fiesta. Del centro del país venían familias a la pisca del algodón, yo le ayudaba a mi abuelo, con la báscula romana, a pesar las bolsas llenas de algodón, que los piscadores llenaban. La palabra pisca proviene del náhuatl *pixca*. f. Méx. En las labores del campo, es la recolección o cosecha, sobre todo de granos, como los del café, el maíz o el algodón. (Real Academia Española, 1993).

La etapa del Segundo al Sexto Grado de Educación Primaria la cursé en la Escuela "Adalberto J. Argüelles" turno matutino, ubicada en H. Matamoros, Tamaulipas. Durante esta etapa mi formación personal se fue fortaleciendo con la orientación de excelentes maestros, maestros de vocación que amaban su tarea, que se comprometían con el logro de los aprendizajes que debían adquirir sus alumnos, maestros que diariamente impartían clases y diariamente evaluaban, que advertían con sus estrategias pedagógicas cuáles eran las debilidades en el aprovechamiento escolar de los alumnos y ocupaban tiempo para la retroalimentación de los contenidos pedagógicos.

Nos enseñaron a leer, a escribir, a participar en actividades que fortalecieron nuestra seguridad para llevar a cabo las actividades diarias de nuestra vida, para orientar nuestro camino. Realizábamos diariamente actividades en las que poníamos en prácticas nuestras habilidades matemáticas, de lenguaje y comunicación, de ciencias naturales y ciencias sociales, de valores humanos, de respeto, entre otras muchas cosas que nos fortalecían para continuar con nuestros estudios. Se empleaba la memorización, pero también se reflexionaba.

Aprendimos el arte de la poesía, actividad en la que la memorización era indispensable, además de la comprensión del mensaje que nos ofrecía la propia poesía. Aprendimos el arte de la oratoria, donde también se memorizaba, aprendimos de memoria las tablas de multiplicar lo que nos permitía resolver problemas con mayor seguridad y rapidez. Hoy en día, a muchas personas, la memorización les asusta, y hoy en día muchos alumnos llegan a la secundaria sin saber las tablas de multiplicar y tienen grandes dificultades cuando realizan operaciones avanzadas para la solución de problemas, sin el uso de una calculadora. Esta reflexión me lleva a pensar que la memorización es útil, si tiene un fin específico.

En las actividades escolares fui una alumna muy participativa, fui destacada en aprovechamiento escolar, en el deporte, en la poesía, en todo me encantaba participar, desde que aprendí a leer he tenido como hábito la lectura, enfocada a diferentes tópicos. Con esto puedo afirmar que cuando un alumno tiene disposición para salir adelante, lo más seguro es que logre sus objetivos. Para ello se requiere constancia y dedicación.

En la escuela Primaria fui lanzadora de disco, y participé en el concurso regional de atletismo. Cuando le correspondía a mi grupo dirigir los honores a la bandera nacional, me gustaba ser la conductora en la ceremonia, estar frente a un público no me ponía nerviosa, me sentía segura.

En ese tiempo los grupos escolares no eran mixtos, había grupos integrados por niños y grupos integrados por niñas. Incluso en el recreo había un patio en el que jugaban los niños y otro patio en el que jugaban las niñas. A la hora del recreo las niñas nos sentábamos en los corredores, haciendo un círculo para jugar a la matatena, que nosotros llamábamos jacks. Era muy divertido. Jugábamos también a la cuerda o brinca mecate, a los encantados, al quemado, que consistía en correr detrás de una compañera, tocarla y entonces ella la traía y le tocaba correr para tocar a otra compañera. Eran bellos tiempos, de relajación, esparcimiento y convivencia entre amigos y familiares. Actividades que fortalecían la salud.

Durante mi trayecto en el nivel de Primaria disfruté de los libros de texto gratuitos, programa establecido durante el Gobierno del Presidente de la República Lic. Adolfo López Mateos. Eran libros maravillosos, con lecturas que abordaban temas de gran contenido, que fortalecían el respeto a la familia, a los amigos, a la naturaleza, el amor a la Patria y el respeto a las instituciones. Contenían ejercicios matemáticos, con problemas razonados relacionados con la vida cotidiana, así como contenidos temáticos de ciencias naturales y de ciencias sociales. Estos ejercicios fortalecían el aprendizaje indicado en los contenidos programáticos.

Los maestros amaban su profesión y cumplían con sus labores sin escatimar tiempo, eran muy puntuales en la jornada escolar, no faltaban a clase, cuando había que repasar algunos temas asistíamos a la escuela incluso los sábados. Practicábamos deporte, muchas veces, fuera de horario escolar. Desde niños conocíamos por ejemplo el nombre de todos los países del mundo y su ubicación en el globo terrestre, incluso la capital de cada uno de ellos, y nada de eso nos hizo ningún daño. Conocíamos los ríos, los mares, entre otras cosas, y para conocer ubicación, había que memorizarlos, y tampoco nos hizo daño ninguna de estas actividades, todo lo contrario, era interesante conocer el mundo a través de estos recursos, que era con lo que en ese tiempo se contaba, los libros, que eran un valioso tesoro.

Hoy en día muchos jóvenes no tienen el compromiso del estudio extraclase, actividad que fortalece los conocimientos que se abordan en el aula. En muchos casos, los maestros encargan tarea y son pocos los alumnos que cumplen.

Hoy puedo decir que la etapa escolar correspondiente al nivel de Primaria fue muy hermosa, porque la viví con despreocupación, con las emociones características de la niñez. Mi mayor responsabilidad era el cumplimiento de mis labores escolares, que no representaban una carga porque las hacía con gusto, eran parte de mi vida cotidiana, las disfrutaba con pasión.

La historia de la humanidad nos dice que el ser humano se ha caracterizado siempre por su espíritu migratorio, y la familia de mis padres no podía ser la excepción. En particular, los padres de mi mamá trasladaron su domicilio a Matamoros, Tamaulipas y, eventualmente mis padres los visitaban, por tal motivo, yo nací en Matamoros. Sin embargo, parte de mi niñez la pasé en Isaac Arriaga, en ese lugar cursé el grado de párvulos y el Primer Grado de Primaria. Recuerdo que el aprendizaje de la lectura fue a partir de los sonidos de las letras, es decir, utilizando la fonética.

Muchas experiencias de mi niñez fueron forjando mi carácter, por ejemplo, la experiencia que viví cuando cursaba el Primer Grado, en la ocasión en la que, el Profesor, citó a todos los padres de familia de los niños del Grupo, para que estuvieran presentes en una evaluación que íbamos a tener. El día del examen, el Profesor dio la bienvenida a los invitados, les pidió que se colocaran alrededor de los pupitres donde estábamos sentados los alumnos, y empezó con un dictado de palabras y la toma de lectura. Fue tanto el impacto que me causó esa experiencia que, a partir de ese momento, mi dedicación al estudio se intensificó.

Durante la jornada escolar, teníamos un espacio de tiempo para hacer costura, desde pequeñas nos enseñaron a tejer y a bordar, tanto en la escuela como en la casa. A los niños se les enseñaba a elaborar otro tipo de manualidades propias del sexo masculino. Colaborábamos en la elaboración de artículos para el hogar, que eran muy valorados por nosotros y por nuestra familia. Era una manera de poner en práctica nuestra creatividad y destreza, que se manifestaba en el trazo de puntadas perfectas y diversas, que pasaban a convertirse en hermosas obras de arte de gran colorido. Al final del ciclo escolar estos trabajos manuales eran presentados a las familias en un evento especial abierto a la comunidad.

En el ir y venir de Michoacán a Matamoros, y de Matamoros a Michoacán, perdí dos ciclos escolares, porque para viajar nos sacaban de la escuela, esto ocasionó que iniciara nuevamente el Primer Grado. Este Grado lo cursé nuevamente en el Rancho San Lorenzo, del municipio de Matamoros. En donde vivían mis abuelos, los padres de mi madre.

Al igual que en Michoacán, en ese tiempo, las escuelas del medio rural eran de turno discontinuo, asistíamos mañana y tarde, con un descanso al medio día. Asistía a la Escuela Rural Federal "Triunfo del Campesino", que contaba solamente con un grupo, y estaba integrado por alumnos de Primero, Segundo y Tercer Grado. Esta interacción con alumnos de diferente grado, influyó para que mi aprovechamiento escolar fuera más avanzado.

El dibujo era mi pasión, en una ocasión dibujé una canasta con flores llenas de color, sobre una cartulina, que a mis abuelos les encantó. Mi abuelo le colocó dos tablitas, una en cada extremo para colgarla en la pared, para ellos y para mí era toda una obra de arte.

De Segundo a Sexto Grado de Primaria los cursé en la Escuela "Adalberto J. Argüelles", en el turno matutino. Debo agregar que, durante esta etapa escolar practicamos la lectura fluida y la escritura clara y de buen trazo, eran detalles que los maestros de esa época cuidaban con mucha responsabilidad. Leíamos todos los días y lo hacíamos de manera individual, de pie, parados correctamente, por turnos, tomando nuestro libro con la mano izquierda y dando la vuelta a la hoja con la mano derecha, se nos recomendaba no maltratar nuestros libros. Estas acciones eran formativas, con una intensión bien definida, se trataba de que hiciéramos la lectura de una manera elegante y cuidando nuestros libros.

La escritura debía ser clara, de trazos correctos, algunas letras llegaban a la mitad del renglón, otras alcanzaban la altura total y otras bajaban del renglón. El cuidado de la ortografía era un tema fundamental, diariamente nos hacían dictado de palabras que implicaban las diferentes reglas de ortografía. En nuestros libros venían lecturas que nos inculcaban el respeto hacia los demás, a saludar, a tener buenos modales. Reflexionábamos acerca de las ocupaciones de cada uno de los miembros de la familia, acerca de las actividades económicas a las que se dedicaban los miembros de la comunidad. Aprendíamos el uso correcto de las letras minúsculas y mayúsculas. Aprendíamos a reflexionar a través de cuestionarios que contestábamos después de haber leído una historia en nuestro libro de lectura. En las lecturas nos enseñaban que los niños ayudaban a sus padres en las tareas del hogar, eran actividades que venían en los libros de texto gratuitos.

Nuestros libros de Lectura y de Historia nos narraban la vida de personajes que con sus acciones participaron en la construcción de la historia de nuestro país y del mundo. Aprendimos las fechas y lugares de algunos eventos y del nacimiento de algunos personajes para ubicarnos en el tiempo y en el espacio, no para aprenderlo de forma mecánica y sin sentido. La intención era, que valorábamos el sentido de responsabilidad y honestidad que debe tener cada persona para contribuir a la superación personal, de la familia y de la comunidad.

Aprendimos lo que eran los nombres propios, los nombres comunes y cuál era la forma correcta de escribirlos. Sabíamos lo que era el diminutivo y el aumentativo y nuestros libros nos daban la sugerencia de practicar estos conceptos a través de juegos que practicábamos después en la hora del recreo. A partir de ilustraciones redactábamos cuentos. Aprendimos el uso de los acentos incluyéndolos en las letras mayúsculas. Nos divertíamos leyendo adivinanzas. Sabíamos lo que era el singular y el plural. Aprendimos ortografía a través de ejercicios en los que narrábamos historias, leíamos historias acerca de los animales, de sus características y de su forma de vida. En nuestros libros venían historias en las que nos enseñaban cómo elaborar algunos juguetes sencillos y atractivos. Aprendimos que hay palabras de una sola sílaba, de dos sílabas y de tres o más sílabas y eso nos ayudaba a leer correctamente.

Resolvíamos problemas razonados que implicaban las operaciones fundamentales de suma, resta, multiplicación y división. Aprendimos las tablas de multiplicar, de tal manera que cuando resolvíamos problemas razonados lo hacíamos empleando menos tiempo y con la seguridad de obtener resultados correctos. Aprendimos a aplicar el sistema de medidas lineales, fracciones comunes, números ordinales. No era un aprendizaje mecánico, sino más bien, reflexivo, razonado.

Aprendimos a usar el sistema monetario para resolver problemas relacionados con nuestra vida cotidiana, a determinar las horas del día de acuerdo con la ubicación de las manecillas del reloj. Aprendimos los nombres de los meses del año para ubicarnos en el tiempo. Aprendimos lo que era un ángulo, lo que era un triángulo, medidas lineales, áreas, volúmenes, aprendimos fórmulas para agilizar la solución de problemas que después aplicábamos en las actividades de nuestro diario vivir, y muchas cosas más. Y cito estos detalles para puntualizar que durante mi niñez en la escuela se enseñaban conceptos que representaban herramientas básicas para resolver los problemas de la vida cotidiana, y sabíamos cómo aplicar esos conocimientos.

Adolescencia

Mi adolescencia la viví en el transcurso de mi escolaridad, en el nivel de Secundaria. Al concluir el Sexto Grado de Primaria, mis planes para continuar estudiando se enfocaron hacia la única escuela de gobierno que existía en ese entonces y que era la Escuela Secundaria Federal "Licenciado y General Juan José de la Garza", tuve que presentar el examen de admisión, y para mi mayor alegría, mi nombre apareció en la lista de los que logramos la puntuación requerida.

Durante el transcurso de mi trayecto escolar por el nivel de secundaria viví plenamente mi adolescencia, recuerdo muchos de los momentos de cada día, y en ese ejercicio vuelvo a saborear esas vivencias que fueron edificando mi personalidad. Cada mañana se iniciaba una interesante rutina, que daba su arranque al despertar, y que consistía en llevar a cabo las actividades que sabíamos eran nuestra responsabilidad, desayunábamos no sólo los alimentos que nutren el cuerpo, sino también los alimentos que nutren el espíritu, lo que se lograba a través de las lecciones de valores que nuestra madre nos impartía cada momento que tenía la oportunidad de hacerlo y eso por supuesto iniciaba cada mañana.

La secundaria distaba a escasas veinte cuadras de la casa, mi madre me daba dinero para el autobús, pero yo prefería hacer el trayecto a pie para utilizar el dinero en comprar alimentos de botana, durante alguno de los descansos, o a la salida de la escuela. Algunas veces, en el trayecto de regreso a casa compraba una bolsa de tostaditas con salsa que deliciosamente saboreaba, y el regreso a casa lo hacía junto a otros compañeros que también hacían el regreso caminando. En ese tiempo, en la escuela teníamos un descanso de diez minutos entre clase y clase, lo que les permitía a los maestros hacer su traslado hacia el salón en el que impartirían la siguiente clase al grupo en turno. Los alumnos aprovechábamos esos diez minutos para estirar nuestras piernas y/o para salir a la cooperativa a comprar algo, o simplemente para platicar con las compañeras y los compañeros.

En la secundaria yo formaba parte del equipo de basquetbol, era un equipo integrado por excelentes jugadoras. En un ciclo escolar ganamos el municipal y fuimos a participar al encuentro estatal, donde tuvimos muy buen desempeño. Los maestros de educación física eran muy apasionados y les gustaba preparar muy buenos equipos. La práctica del deporte contribuía en la conservación de la salud y el mejoramiento del vigor físico.

Durante los tres años de secundaria tuve el privilegio de contar con excelentes maestros, ellos conocían su asignatura a la perfección, impartían su clase con el conocimiento amplio de los contenidos. Los maestros durante todo el mes impartían su clase y algunos de ellos nos encargaban de tarea aprendernos algunos temas para después explicarlos en clase. Al finalizar cada mes nos aplicaban un examen escrito, no recuerdo que alguien haya quedado reprobado, había mucha responsabilidad y compromiso. Teníamos excelentes maestros de música que nos enseñaban solfeo y canto, usábamos el cuaderno pautado y conocíamos las notas del pentagrama.

Teníamos también clases de danza folklórica, esa era otra actividad importante en nuestras actividades escolares. En realidad, los programas de estudio de cada asignatura, en los años que cursé la Educación Primaria y la Educación Secundaria eran muy completos porque abarcaban los aspectos indispensables que requiere el ser humano para una educación integral.

En ese tiempo se acostumbraban los exámenes semestrales, que se llevaban a cabo a lo largo de una semana. Durante esa semana se suspendían las clases y solamente íbamos a la escuela a presentar el examen que estaba calendarizado para ese día. Cada mañana antes de llegar a la escuela, algunos pasábamos por la Catedral a pedirle a Dios que nos iluminara para contestar todo el examen correctamente. La Directora nos decía que no nos confiáramos solamente en la oración, que estudiáramos con responsabilidad, y claro que lo hacíamos, no queríamos tener bajas calificaciones. Eran días muy agradables, algunas veces a la salida, después de terminar el examen del día nos íbamos a un restaurante que estaba ubicado frente a la plaza, a tomarnos un refresco y a convivir un rato entre amigos.

En esos años, reitero, se acostumbraba mucho la memorización, y todos los alumnos hacíamos uso de esa herramienta pedagógica, que en ese entonces nos resultaba de mucha utilidad, pues aunque se trataba de memorizar conceptos e ideas, seguíamos el precepto de que lo que bien se aprende no se olvida. Durante los años subsecuentes, esos conceptos memorizados fueron herramientas muy valiosas que facilitaron mi desempeño, de una manera más correcta, en las actividades escolares a los largo de mis años de estudiante, en mi desempeño como profesionista, y en el diario vivir. La palabra memorizar significa fijar algo en la memoria (Real Academia Española, 1993). De manera que lo que se fija en la memoria puede ser de gran utilidad para el aprendizaje escolar.

La memorización nunca fue un obstáculo para la reflexión ni para el uso del pensamiento crítico. Lo que memorizábamos también lo reflexionábamos, porque somos seres pensantes con inteligencia y voluntad, y si bien, la memorización mecánica pudiera ser poco útil como lo afirman algunas personas, en lo personal no lo pienso así, esos conceptos que memorizábamos nos han servido para desempeñarnos más acertadamente.

Hay detalles que nos quedan muy guardados en la memoria por diferentes causas, por ejemplo, recuerdo que cuando cursábamos el Tercer Grado de Secundaria, nuestra maestra asesora organizó un viaje de estudios al Puerto de Veracruz, mi madre no me otorgó el permiso para hacer ese viaje, mi maestra asesora me dijo, no te preocupes Graciela, yo te pago el viaje, pero el motivo no era precisamente por el recurso económico, sino el temor por parte de mi madre de que algo malo me ocurriera. No los acompañé y me perdí las emociones que disfrutaron mis compañeros durante ese viaje. Recuerdo que regresaron muy felices e impresionados, entre otras cosas, con la cárcel de San Juan de Ulúa y la celda en la que había estado "Chucho el Roto". Ya siendo yo adulta tuve que hacer ese recorrido para cerrar ese ciclo emocional.

Cuando cursaba el Tercer Grado de Secundaria, hicieron un estudio socioeconómico a los alumnos más destacados, en los documentos que llené anoté que mi abuelo era agricultor, debí haber anotado que era ejidatario, y ese fue uno de los motivos para que no me otorgarán la beca, se la dieron a otra compañera que también era una alumna destacada.

Juventud

Al terminar mi educación secundaria me encontré en la difícil encrucijada para elegir el camino a seguir en mi trayecto formativo. Yo tenía como ejemplo a un tío, hermano de mi madre, quien con mucha decisión se fue a Monterrey a estudiar la carrera de abogado, por lo que estudiar para abogado era mi mayor sueño. El detalle era que en Matamoros no había Universidad y la única opción era irse a Monterrey, y la verdad yo estaba tan unida a mi madre que no imaginaba la vida retirada de ella.

Mi hermana, hacía un año, había terminado su educación Secundaria, ella siempre había soñado con ser maestra, pero mi mamá no le permitió ingresar a la Escuela Normal por el temor a que se fuera a otra ciudad a desempeñar su trabajo de maestra como lo había hecho otro tío, hermano de mi madre.

Cuando terminé la Secundaria, pensé que no había otra opción más, que ingresar a la Escuela Normal. Tomé la decisión de conseguir una beca de estudios, me dirigí a la Presidencia Municipal, pedí audiencia con el Alcalde, me la autorizaron, le expuse mis deseos de ingresar a la Normal, le presenté mis calificaciones y me otorgó la beca. Después me dirigí a la Normal para inscribirme en el examen de admisión, el cual aprobé. Con ese avance me presenté con mi madre y le manifesté mis deseos y los trámites que había realizado. Ante este planteamiento, mi madre no tuvo otra alternativa y aceptó que yo ingresara a la Escuela Normal. Ahora el dilema era que mi hermana también quería estudiar para maestra y ella no había tenido la oportunidad de inscribirse en la Escuela Normal de Matamoros.

En ese entonces, la hija de la que fue su maestra de sexto Grado, estudiaba en una Escuela Normal en la ciudad de Monterrey, la maestra, mamá de esta chica, también había sido la madrina de mi hermana, al finalizar su Educación Primaria. Esta chica le sugirió a mi hermana que se fuera a estudiar a Monterrey en la escuela en la que ella estaba inscrita. Fue así como mi hermana se fue a Monterrey a estudiar la carrera de maestra, y yo ingresé a la Escuela Normal "Lic. J. Guadalupe Mainero en Matamoros Tamaulipas. Mi madre con tal de que continuáramos estudiando, no tuvo más alternativa que aceptar que estudiáramos esta hermosa carrera.

Mi ingreso a la Escuela Normal "Licenciado J. Guadalupe Mainero", de H. Matamoros, Tamaulipas, en la que cursé la carrera, para desempeñar la función como Profesora de Educación Primaria, significó el inicio de una nueva e importante etapa, en la que se consolidaron amistades cuya interacción perdura hasta la fecha.

En la época en la que estudié esta carrera, ingresaban al magisterio personas que acababan de terminar su educación Secundaria, otros que habían concluido el nivel de Preparatoria y/o personas de mayor edad que ya estaban en servicio, como maestros de grupo, pero que no habían cursado la Normal Base. En ese tiempo se requerían maestros en las escuelas, por lo que muchas personas eran contratadas sin preparación pedagógica, no obstante eran maestros muy comprometidos, que realizaban su labor con mucha responsabilidad, siempre dando los mejores resultados en lo que se refería al aprovechamiento escolar de los alumnos que estaban a su cargo.

Al observar que la mayoría de quienes estaban inscritos en la Normal, trabajaban en alguna Escuela Primaria del municipio, pensé que yo también podía empezar ya a desempeñar la labor docente. Entonces vino a mi mente una brillante idea, escribí una carta dirigida al Profesor Ernesto Guajardo Salinas, distinguido maestro, muy apreciado en Matamoros, Tamaulipas. Él era originario de los Herrera, Nuevo León, nacido el 19 de abril de 1920, realizó sus estudios como maestro rural en la Escuela Normal de Galeana, como profesor de Educación Primaria en la Escuela Normal Miguel F. Martínez, de Monterrey N. L., hizo el posgrado de Pedagogía en la Escuela Normal Superior de México, D. F.

Se desempeñó como Maestro y Jefe de Misiones Culturales de la Secretaría de Educación Pública de 1946 a 1949, fue Inspector Escolar en Tula, San Fernando y Matamoros, los tres municipios forman parte del Estado de Tamaulipas. Fue Delegado de la SEP, así como Director General de Educación en el Calendario A de la SEP, que era el cargo que él ocupaba cuando y le envié mi carta, en la que le solicitaba una recomendación, para desempeñar el cargo de maestra de grupo, en una de las escuelas de Matamoros, Tamaulipas, que era el municipio donde yo vivía y estudiaba.

El Prof. Ernesto Guajardo fue un personaje destacado, responsable y muy dinámico, coordinó el Comité para la Introducción de agua Potable, Energía Eléctrica y Construcción de Caminos en Jaumave, promovió la construcción de la carretera Matamoros - Mazatlán, fundó la primera Escuela Secundaria Ejidal en la República Mexicana en el Ejido Revolución del Municipio de Matamoros, Tamaulipas. En 1957, como estímulo de estudio, organizó una excursión infantil a la Ciudad de México. Fue dirigente de la Confederación Nacional de Organizaciones Populares en Tamaulipas, representante del Partido Revolucionario Institucional ante el Comité Electoral del III Distrito y Primer Regidor del Ayuntamiento de Matamoros en la Administración Municipal de 1962-1965.

Recibió un reconocimiento por parte de la SEP por su patriótico espíritu de cooperación, en beneficio de los iletrados de México. En el libro "Protagonistas de la Enseñanza Educativa Mexicana" que la SEP editó en 1994, quedó constancia de su brillante obra (ClubEnsayos.com, 2011).

El Prof. Ernesto Guajardo dio contestación a mi carta a través de un telegrama, en el que solicitaba al Inspector Escolar de la Zona 145, que en la primera oportunidad me ubicara como maestra de grupo en alguna de las escuelas a su cargo. El Inspector atendió la solicitud y a partir del 1 de noviembre de 1967 inicie mi labor como maestra de grupo en la Escuela Primaria Francisco I. Madero, turno vespertino, ubicada en la Colonia Mariano Matamoros, del Municipio de Matamoros, Tamaulipas.

Fue así como inicié una ardua tarea, convirtiéndome en estudiante normalista y a la vez maestra de un grupo de Tercer Grado de Educación Primaria. Esta nueva experiencia fue para mí todo un reto, tenía como alumnos a niños de diferentes edades, algunos de edad muy avanzada que estaban cursando la Educación Primaria de una manera ya desfasada en edad, algunos provenían de familias con valores humanos poco aceptables, lo que implicaba ejercer una autoridad efectiva para que hubiera respeto y compromiso en el cumplimientos de su responsabilidad como alumnos.

En la Escuela hacían falta aulas, de tal manera que mi grupo estaba ubicado en lo que era la Dirección de la Escuela. Esta experiencia fue contundente, por principio de cuentas, me enfrentaba a mi primer ejercicio como maestra, y debía hacerlo precisamente en presencia de la Directora de la Escuela, me sentía como si estuviera en un juego de las ligas mayores. Era necesario aceptar el reto, a final de cuentas ya estaba en la contienda pedagógica y yo misma me había anotado, nadie me invitó.

En este nivel, como estudiante Normalista, también tuve el privilegio de que la escuela contaba con una plantilla de docentes que amaban su profesión y con su ejemplo nos enseñaron de igual manera a amarla también nosotros. Estaban muy comprometidos con su tarea, nos compartieron con mucha responsabilidad los contenidos de las asignaturas y nos orientaron sobre las estrategias pedagógicas para preparar nuestras clases y nos acompañaban y supervisaban durante las prácticas que realizábamos en las Escuelas Primarias del Municipio.

Acudíamos a nuestras prácticas con la planeación de la clase, con el material didáctico que íbamos a utilizar y con el instrumento de evaluación que nos daría la información de qué tan eficaz y eficiente había sido nuestro desempeño pedagógico, y nos indicaba lo que debíamos corregir para el logro de mejores resultados. Teníamos maestros muy exigentes y responsables y nosotros como alumnos teníamos una cultura basada en la responsabilidad y el compromiso, para realizar nuestras actividades con eficacia y eficiencia. Puedo decir que me siento muy afortunada de haber tenido compañeros muy responsables, comprometidos con el logro de los objetivos enmarcados en los Programas de Estudio de Educación Normal.

Cuando cursaba el Segundo Grado en la Escuela Normal participé en el Concurso Interno de Declamación, en el que obtuve el Primer Lugar, lo que me dio la oportunidad de representar a la Escuela en el Certamen entre Escuelas Normales que se llevó a cabo en la Ciudad de Saltillo, Coahuila. La Escuela Normal de Matamoros envió tres participantes, un alumno representó el Tercer Grado, yo el Segundo Grado y otro alumno representó el Primer Grado.

En la escuela Normal recibíamos clases muy interesantes, en las que nos preparaban para desempeñarnos como profesores de una manera integral. Cursamos asignaturas en las que aprendimos a planear, a preparar el material didáctico que debíamos utilizar en las prácticas escolares que llevábamos a cabo en las escuelas Primarias de la localidad, aprendíamos danza, coros, y otras actividades que eran fundamentales para cumplir como maestros bien preparados, formados principalmente en valores y con un profundo sentido de responsabilidad con la tarea educativa.

Durante el tiempo en el que cursé el Primero, Segundo y Tercer Grado en la Escuela Normal estuve prestando mis servicios como maestra de grupo en la Escuela Francisco I. Madero Matutina, posteriormente, cuando terminé mi educación en la Escuela Normal, cubrí un interinato en la Escuela Primaria "Benito Juárez" ubicada en la Colonia Esperanza, en H. Matamoros, Tamaulipas, en esta escuela estuve a cargo de un grupo de Primer Grado. En este Ciclo Escolar me di cuenta de lo importante que era darle especial atención a la práctica de la lectura, la escritura y a la comprensión y solución de problemas con el uso de las operaciones matemáticas básicas, y que era necesario realizar una considerable cantidad de ejercicios pedagógicos del mismo tema para que los alumnos los aprendieran lo mejor posible, principalmente en lo que se refiere al aprendizaje de la lectura y las matemáticas básicas.

Durante el tiempo que presté mis servicios en el nivel de Primaria, recuerdo, que para hacer las clases más dinámicas, organizaba competencias entre los alumnos con ejercicios pedagógicos. Uno de esos ejercicios, y que lo aprendí de mi maestro de matemáticas, cuando yo cursaba la secundaria, se llamaba "Cuenta y vale, juegan los campeones, y cuenta y vale descansan los campeones". Consistía en que de cada fila, el alumno que se sentaba en el primer banco competía con el que se sentaba en el segundo banco, el tercero con el cuarto, y así sucesivamente, el alumno que se sentaba atrás competía con el que se sentaba adelante. Entre parejas, el que tenía el resultado correcto se cambiaba adelante, si los dos lo tenían correcto o incorrecto, no se movían de lugar. En la siguiente competencia el alumno del asiento de adelante descansaba y entonces el segundo competía con el tercero, el cuarto con el quinto, así sucesivamente. Todos se esforzaban porque a nadie le gustaba perder, era divertido.

Durante el tiempo que trabajé en la Primaria "Francisco I. Madero", la escuela no contaban con personal de intendencia, entonces teníamos que asear los salones nosotros mismos, maestros y alumnos organizados en comisiones hacíamos esas tareas. Cuidábamos mucho la presentación de los alumnos y diariamente se revisaba el aseo personal.

Las relaciones humanas entre el personal de la escuela eran muy cálidas, había una convivencia armónica, éramos como una familia y ese ambiente lo generaba principalmente la Maestra Chulín, Directora de la Escuela, con su hermoso don de gente generosa. Existía armonía, apoyo y solidaridad entre todo el personal de la escuela, éramos como una familia.

Una vez que terminé mi preparación como Profesora de Educación Primaria, me ubicaron de nuevo en la Escuela Primaria "Francisco I Madero", en donde continué como maestra de grupo hasta junio de 1985. En esta escuela viví experiencias maravillosas.

En el transcurso del Ciclo Escolar 1985-1986 presté mis servicios en la Escuela "Policarpo Posada Dimas", ahí tuve la oportunidad de conocer compañeros y compañeras con quienes cultivé una valiosa amistad. A través de los años de servicio fui aprendiendo estrategias para orientar a mis alumnos en las actividades de aprendizaje, me gustaba hacer mis clases muy interactivas, tratando de que los alumnos aprendieran, no solamente haciendo ejercicios en sus cuadernos y trabajando con sus libros, sino también haciendo actividades en las que se ponían en práctica la adquisición de los conocimientos establecidos en los contenidos del programa, que a la vez me daban resultados de evaluación que me orientaban, en el sentido de conocer las fortalezas y las áreas de oportunidad de mis alumnos, para realizar actividades de retroalimentación. Durante las acciones de enseñanza y aprendizaje realizaba, asimismo, acciones enfocabas a la evaluación permanente, que al final me guiaban para asignar una calificación, misma que daba a conocer a los padres de familia, quienes de esa manera se enteraban de los avances de sus hijos.

Durante el tiempo que trabajé como maestra en el nivel de Primaria, tuve a mi cargo grupos desde Primer Grado hasta Sexto Grado. El compromiso en Primero y Segundo Grado era que los alumnos aprendieran a leer, escribir, a reflexionar sobre lo que leían, resolver problemas con el uso de operaciones básicas, considerando que las tablas de multiplicar son también operaciones básicas. Los alumnos pasaban a Tercer Grado con las herramientas necesarias para resolver situaciones con un grado de mayor complejidad, y así continuaban hasta terminar el nivel de Primaria, tomando en cuenta que el alumno que lee, escribe, reflexiona y resuelve problemas a una velocidad considerable, puede desarrollar las acciones que se plantean en los programas de estudio de los grados subsecuentes.

Actualmente los recursos tecnológicos son de gran utilidad, por lo que se pudiera pensar que no es necesario que los alumnos memoricen las tablas de multiplicar, pero como no siempre se tienen a la mano una calculadora, es indispensable que las aprendan y las usen de manera rápida y fácil. Durante los seis años de educación primaria hay tiempo suficiente para que los alumnos aprendan las tablas aplicándolas a situaciones de la vida diaria.

El tiempo que presté mis servicios en Educación Primaria, tuve experiencias muy satisfactorias. Me gustaba trabajar a la par con mis alumnos, les explicaba temas cortos y claros, hacíamos actividades para llevar el seguimiento de lo que los alumnos habían comprendido, esperaba a que todos terminaran el ejercicio, revisaba la actividad, y si algún alumno no había comprendido el tema, realizaba una retroalimentación hasta lograr los objetivos, procuraba que en las actividades que realizábamos en la clase, ningún alumno se quedara atrás. Poníamos mucho énfasis principalmente en la lectura, la escritura, la ortografía, la gramática, las matemáticas. Las demás asignaturas, por lo general, las correlacionaba con español y matemáticas.

En el Ciclo Escolar 1986- 1987, tuve la oportunidad de cubrir un interinato en la "Escuela Secundaria General No. 4 "General Lauro Villar Ochoa", ubicada en la Colonia Sección 16, de H. Matamoros, Tamaulipas, en el turno matutino.

Esta Escuela Secundaria estaba ubicada en una colonia muy poblada, y con un amplio panorama de crecimiento, que se reflejó de igual manera en el crecimiento de la población escolar de esta institución. Fue entonces que el Secretario General de la Secundaria me sugirió que me cambiara al turno matutino en la Escuela Primaria, porque se iban a incrementar grupos en el turno vespertino en la Secundaria. En esta Escuela Secundaria permanecí desempeñándome como maestra de grupo durante catorce años. De esta manera fue que inicié con gran emoción mi trayecto en el nivel de Secundaria, con horas en propiedad, que en pocos años se me fueron incrementando hasta tener el tiempo completo.

Adultez

Pues como antes mencioné, a partir de 1987 se incrementaron grupos en el turno vespertino de la Escuela Secundaria General No. 4 "General Lauro Villar Ochoa". Para poder continuar con horas en propiedad hice trámites para desempeñar mi labor en el turno matutino, en la Escuela "Primitivo Shears Villarreal" ubicada en la Colonia Práxedes Balboa, de la misma ciudad. A partir de entonces continué desempeñando mi labor como docente en estas dos escuelas, hasta el 15 de febrero del año 2000.

En la Secundaria General No. 4 me desempeñé como maestra en el Área de Ciencias Sociales, ya que en ese tiempo los programas de estudio estaban organizados por áreas y no por asignaturas, Cabe mencionar que, el área de Ciencias Sociales se desarrollaba en siete sesiones por semana, lo que repercutió favorablemente para que en poco tiempo completara el total de horas.

En una ocasión la Escuela Secundaria fue visitada por unos investigadores japoneses, y el Director me eligió para ser observada en el desarrollo de mi clase, claro que no me preguntó si yo aceptaba, simplemente los observadores llegaron a mi salón, se presentaron y me explicaron el objeto de su visita. Después de realizar la observación fueron a informar al Director los detalles observados en la clase y uno de sus comentarios fue, que era de admirarse como se llevaban a cabo las clases en la escuela, con los elementos tan rudimentarios con los que contábamos los maestros y los alumnos. En ese tiempo las aulas no tenían aire acondicionado que permitiera aligerar el sofocante calor que caracteriza esta región, incluso, no contaba ni con abanicos, lo más seguro es que teníamos personalmente un control térmico mental, porque así desempeñábamos las labores durante toda la jornada del día, y a pesar de ser un calor sofocante, lo tolerábamos.

Continuando con mi narrativa, debo decir que, a partir del 15 de febrero del año 2000, me asignaron el nombramiento de Subdirectora en la Escuela Secundaria General No. 3 "Bernardo Gutiérrez de Lara", donde permanecí desempeñando mi labor hasta mayo de 2005. En esta Escuela formé parte de un equipo muy dinámico, uno de nuestros objetivos era convertir esta institución en una Escuela de Calidad. Participamos, entre otras muchas actividades, en Programas Educativos, como el de "Escuelas de Calidad" y el de "Comunidades de Aprendizaje", programas, a través de los cuales, la Escuela tuvo excelentes resultados, que facilitaron la adquisición de equipo tecnológico y la construcción de la techumbre del patio cívico, y principalmente repercutieron en la mejora del aprovechamiento escolar de nuestros alumnos y el desempeño pedagógico de los docentes.

A partir de mayo de 2005 estuve comisionada en el Departamento Regional de Educación de Matamoros donde estuve como responsable del Área de Carrera Magisterial, hasta agosto de 2007. En este espacio tuve la oportunidad de constatar el desempeño comprometido de muchos maestros y directivos del Municipio de Matamoros, cuya tarea se reflejaba en los informes de los proyectos educativos que desarrollaban en las escuelas, en los que se destacaba la participación de los alumnos, del personal de las escuelas, de los padres de familia y de las autoridades. Los productos que presentaban eran muy laboriosos e interesantes. Reflejaban las horas dedicadas al trabajo pedagógico y al servicio social.

Como en todo me ha gustado participar, no podía faltar el área sindical, de tal manera que fui Secretaria General del Comité Ejecutivo de la Delegación cuando prestaba mis servicios en la Escuela Primaria "Primitivo Shears Villarreal", fue una tarea muy difícil, había una lucha de poder muy acentuada, que muchas veces se convertía en grilla sindical, sin embargo fue una buena experiencia. Además, debo agregar, que sin descuidar mi labor docente, siempre he participado en el ámbito sindical, es cuestión de creatividad. En la Escuela Secundaria, también colaboré con la tarea sindical, ocupando en varias ocasiones la Secretaría en algunas Carteras del Comité Ejecutivo Delegacional, en varios periodos sindicales.

Mi preparación continua ha sido un tema que siempre he atendido. Al año siguiente, después de terminar mis estudios en la Escuela Normal "Lic. J. Guadalupe Mainero", elaboré la tesis para presentar examen profesional, teniendo como referencia mi experiencia como maestra de un grupo Primer Grado en el nivel de Primaria. Después de este trabajo de investigación obtuve el título de Profesora de Educación Primaria, así como la Cédula Profesional que me acreditaba para desempeñarme en este cargo.

Al año siguiente después de terminar mis estudios en la Normal Base, inicié mis estudios en la Escuela "Normal Superior de Tamaulipas", en ciudad Victoria, Tamaulipas, en los cursos de verano, durante seis años, y el séptimo año tomé el curso de titulación. Durante ese curso elaboré la tesis que me permitió titularme y posteriormente tramitar la cédula profesional. A finales del siglo xx ingresé al Instituto Tamaulipeco de Investigación Educativa y Desarrollo de la Docencia para estudiar la Maestría en Educación Básica. Al término de la Maestría elaboré la tesis para obtener el título en este nivel así como la cédula profesional que me facultaba para ejercer las actividades relacionadas con este nivel educativo.

Posteriormente ingresé al Instituto Mexicano de Estudios Pedagógicos para cursar el Doctorado en Metodología de la Enseñanza, y al finalizar elaboré la tesis para obtener el título y la cédula profesional.

A partir de 2007 y hasta esta fecha, me encuentro desempeñando el cargo de Directora de la Escuela "Secundaria General No. 6 "Prof. Antonio Rodríguez Torres", de la Colonia Las Fuentes, en Matamoros Tamaulipas

Esta Escuela Secundaria es una institución que inició sin edificio propio. Primero se constituyó con el personal directivo y docente, y con alumnos, e inició las labores en las instalaciones de escuelas Primarias, cercanas a donde hoy se encuentra ubicada la Escuela Secundaria. Desde sus inicios y hasta el año 2007, sus directivos, el personal, los alumnos, los padres de familia y las autoridades educativas realizaron acciones para la adquisición del terreno, la construcción de aulas, mobiliario, construcción de la barda perimetral, entre otras cosas. No obstante, hasta el año 2007, la Escuela tenía muchas necesidades.

En fechas posteriores al inicio de las labores en el terreno asignado, se pavimentó la Calle Avenida Empleado Postal, que quedó a unos 15 centímetros más alta con relación al terreno en el que se ubicaba la Escuela. Esta situación traía como consecuencia que en época de lluvias la escuela se convirtiera en una alberca. En varios sitios del terreno existían registros de electricidad que se inundaban con el agua de la lluvia y ponían en riesgo a la comunidad escolar. Había cables de electricidad visibles que colgaban de un edificio a otro, lo que constituía también un riesgo para la seguridad de la comunidad escolar. Ésta era la situación de la Escuela en el año 2007, año en que me hice cargo de la Dirección de la Escuela.

La primera obra que se realizó, a partir de esta fecha, fue la construcción de la techumbre del patio cívico y la construcción de un foro. Se invirtieron recursos económicos con los que contaba la Asociación de Padres de familia, así como recursos aportados por el Municipio y por el Gobierno del Estado. Las gestiones de esta obra ya estaban iniciados a mi llegada, a mí me correspondió darle continuidad para finalizarla. Posteriormente alrededor de cada columna de la techumbre se construyeron bancos circulares de concreto, para que fueran utilizados por la comunidad escolar, además de que servirían de protección a las columnas para evitar la oxidación de sus bases.

Poco a poco se fueron reconstruyendo los registros de energía eléctrica ubicados en el terreno de la Escuela, se levantó el nivel de los registros para evitar que se inundaran, se renovó su cableado y el que estaba a descubierto se entubó y se colocó resguardado en los muros del edificio. De esta manera, el riesgo de un accidente quedó subsanado. Se subió el nivel del patio cívico y se pavimentó de concreto, para que quedara al nivel de la calle principal. Cabe mencionar que la pavimentación del patio cívico así como la adquisición de computadoras, pupitres, mobiliario escolar y material educativo, se adquirió, en gran parte, como resultado de la participación de la Escuela en el Programa de "Escuelas de Calidad", y con el apoyo económico por parte de los padres de familia.

En ese tiempo, existía un foro a la entrada de la Escuela, que no se encontraba en buenas condiciones, su ubicación limitaba la visibilidad e impedía el libre tránsito de los alumnos en su ingreso y salida del plantel. Tomando en cuenta que ya se había construido otro foro, se optó por demoler este, para favorecer la movilidad de los alumnos y de las personas que acuden diariamente a la Escuela. En su lugar se implementaron jardines, se plantaron árboles, se construyeron corredores de cemento y bancas para que los alumnos pudieran hacer uso de ellas en las horas de receso.

Cada ciclo escolar se organiza el comité de la Sociedad de Alumnos, quienes asesorados por un docente, realizan actividades para obtener recursos económicos. Esos recursos se han invertido en diferentes acciones, por ejemplo la rehabilitación de áreas verdes y la construcción de mesas y bancas de concreto. En algunas mesas de concreto se han implementado juegos de mesa con azulejos, para que los alumnos los usen en las horas de descanso.

Las aulas con las que contaba la Escuela, en ese entonces, requerían de mantenimiento, los pisos estaban hundidos y fracturados, las placas de los edificios estaban carcomidas en su derredor y se filtraba el agua durante la época de lluvias. Todos estos detalles se fueron corrigiendo poco a poco con la colaboración de los padres de familia, el Gobierno Municipal, Estatal y Federal. Para que los alumnos realizaran sus actividades en lugares agradables se colocó piso de mosaico a todas las aulas de trabajo.

La cancha deportiva se encontraba muy deteriorada, por lo que se reconstruyó aprovechando esta oportunidad para subir su nivel de acuerdo con el nivel de patio cívico. De igual manera se rellenó el resto del terreno escolar, con tierra que se obtuvo a bajo costo, cuando se edificó en la Ciudad de Matamoros, el Consulado Americano.

Las oficinas de la escuela no estaban concluidas, tenían solamente piso firme, con vaciado rústico, por lo que se optó por hacer algunas adecuaciones y colocarle piso de mosaico. Se colocaron aparatos de aire acondicionado en las aulas y en los demás espacios en los que los alumnos realizan sus actividades escolares.

Durante mis primeros años como Directora de esta Institución, se laboraba con turno matutino y turno vespertino. Esta forma de trabajo obligaba a terminar la jornada cuando ya era de noche.

La Escuela se encuentra enclavada en una colonia de la periferia, en la que los servicios urbanísticos no son muy eficientes y los alumnos se retiraban a sus hogares recorriendo calles oscuras, lo que preocupaba mucho a los padres de familia por la seguridad de sus hijos. Esta situación nos motivó a trabajar con esmero para lograr la construcción de seis aulas escolares, de tal manera que el total de los alumnos pudieron trasladarse al turno matutino, aprovechando la tarde para realizar actividades extraescolares, en horarios en los que aún hay luz de día.

Tomando en cuenta que hoy en día la tecnología es un recurso que exige su utilización para el desarrollo de las actividades pedagógicas, se trabajó para implementar dos aulas de cómputo y dos Salas de usos múltiples. Cada aula de usos múltiples da cabida a más de cien personas. En ellas se realizan actividades pedagógicas, sociales, cívicas, artísticas, de atención a padres de familia y reuniones de Consejo Técnico Escolar.

Los sanitarios de los alumnos se encontraban ubicados de frente al patio cívico, lo que resultaba incómodo cuando se utilizaban, por lo que se optó por ubicarlos en un lugar en el que, su uso, resultara de mayor comodidad. Cabe mencionar que cada año se les da mantenimiento, ya que es un lugar de mucho tráfico y los alumnos no siempre les dan el uso correcto. Muchas veces causan daños que tienen que atenderse de manera frecuente. Con el propósito de que los sanitarios siempre estén limpios, se ha comisionado a una persona para que atienda específicamente esta actividad.

En el transcurso de los años de servicio en esta Institución Educativa, en mi función de Directora, he observado el crecimiento profesional del Personal de la Escuela. En un principio el trabajo escolar era algo aislado, cada uno de los miembros de la comunidad escolar realizaba su trabajo de la manera que consideraba era lo más pertinente, pudiera decirse que a la dinámica escolar le faltaba un poco más de trabajo en equipo. La evaluación del desempeño de los alumnos, de manera colegiada, se llevaba a cabo a través de reuniones de análisis, en las que se ponderaba la evaluación del desempeño académico de los alumnos y su conducta. Los resultados académicos y de conducta, se daban a conocer a los padres de familia en reuniones programadas para este fin.

Actualmente con la implementación de las reuniones de Consejo Técnico Escolar en las que se proporciona una temática de trabajo enfocada a la mejora continua, tanto en lo que se refiere al conocimiento de los alumnos, al desempeño de los docentes, de los directivos, de los padres de familia y de la comunidad de la cual formamos parte, hemos ido mejorando en el desempeño de todos los involucrados en el proceso educativo. Con esta forma de trabajo, las reuniones colegiadas toman mayor sentido y repercuten en la mejora de las prácticas pedagógicas y por consecuencia, del aprovechamiento escolar de los alumnos.

Con gran satisfacción observamos que esta Escuela ha mejorado notablemente, en su aspecto material, en su equipamiento, en la presentación de los alumnos, en los hábitos de convivencia de la comunidad escolar, en el desempeño del personal de la Escuela, en el desempeño de los alumnos. Ha mejorado también, el compromiso de los padres de familia enfocado a las actividades para el logro de mejores resultados escolares que benefician principalmente a los alumnos, y que nos permiten presentar ante la comunidad en general, el resultado de un trabajo consciente, responsable y colegiado. Sin embargo, aún falta mucho por hacer.

Todos los integrantes de la comunidad escolar estamos inmersos en una dinámica interesante, enfocada a la mejora continua, y es muy satisfactorio escuchar las observaciones que nos ofrecen las personas que visitan la institución, en el sentido de que el trabajo que ellos observan, es muy organizado, armónico y eficiente, ponderan también el buen desempeño y comportamiento de los alumnos.

La familia

La familia es un elemento extremadamente valioso, representa el timón que marca el rumbo en el orden social. Es el cimiento, el núcleo, el punto principal alrededor del cual giran los valores que caracterizan a la humanidad.

La familia es el conjunto de personas emparentadas entre sí, que viven juntas. Pueden ser ascendientes, descendientes, colaterales y afines de un linaje (Real Academia Española, 1993).

La historia nos ha enseñado y puesto de manifiesto el papel tan importante que ha jugado la familia, el linaje, no solamente como familia por sí misma, sino como eje principal en la organización social y política desde las primeras organizaciones humanas.

A partir de esta reflexión, reconozco el valor tan importante que representa en mi vida mi familia. La familia ha sido mi eje, mi timón, mi punto de convergencia, es el punto del que parto y al que finalmente regreso, es la fuente de amor y agua viva que reconforta mi vida.

Familia nuclear

El núcleo es la parte o punto central de algo material o inmaterial, se llama así a la parte interna de los frutos que tienen cáscara dura. Es, asimismo, el elemento primordial al que se van agregando otros para formar un todo (Real Academia Española, 1993). A partir de estas definiciones surge el concepto de familia nuclear, por lo que se ha dado por llamar familia nuclear al grupo de personas formado por el padre, la madre y los hijos que habitan en una misma residencia.

La familia nuclear es la familia conviviente formada por los miembros de un único núcleo familiar, el grupo formado por los padres y los hijos (Jimmy Wales, Larry Sanger, 2001).

La familia nuclear de la cual formo parte, nace a partir de un matrimonio. De ese matrimonio constituido por mi padre y mi madre nacimos cinco hijos, tres mujeres y dos hombres. La mayor, de nombre María Teresa, luego Graciela (yo), después José Miguel, y María del Carmen, quien era una hermosa niña que murió al cumplir un año y ocho meses de edad, y el más pequeño de los hijos, que fue mi hermano Manuel.

Los cuatro fuimos educados bajo reglas de orden y respeto, con el sentido de responsabilidad ante los requerimientos de una cultura formativa enfocada hacia un proyecto de vida, que iniciaba desde la niñez. Esa era la cultura de nuestra familia. En el hogar, cada uno de los miembros desarrollábamos tareas de acuerdo con nuestra edad, las indicaciones se nos daban con respeto y con una explicación de motivos. Las desarrollábamos con gusto, porque sentíamos que nuestra madre necesitaba de nuestro apoyo, lo que fomentó en nosotros el sentido de responsabilidad, de unidad y de amor.

Mi madre siempre fue una persona, muy responsable, muy limpia y ordenada, era una experta en la elaboración de alimentos, todo lo que cocinaba era exquisito. Cuando éramos niños, un tiempo vivimos en Isaac Arriaga, Michoacán, era una pequeña comunidad, rodeada de parcelas y potreros en los que pastaba el ganado. Mi padre se dedicaba a sembrar la tierra y a atender algunas reses que eran de nuestra propiedad. Recuerdo que muy temprano por la mañana, mi padre se levantaba a ordeñar las vacas, en especial a una vaca, a la que llamábamos "Mora", porque era de un color negro, muy oscuro. Nos gustaba acercarnos a la ordeña con un pocillo, que mi padre nos llenaba con leche recién ordeñada y calientita, la que saboreábamos con gusto. Nunca nos enfermó el tomarla directo de la ordeña, la leche se hervía para conservarla en buen estado todo el día. Con las natas mi madre horneaba un pan riquísimo, a mí me encantaba saborear las natas con tortillas recién hechas por las benditas manos de mi madre.

En casa había un cuarto que se llamaba "la troje". Troj: f. Espacio limitado por tabiques, para guardar frutos y especialmente cereales, (Real Academia Española, 1993). Ahí se guardaban las herramientas de mi padre y los granos que eran consumidos a lo largo del año.

Cuando mi hermano Manuel cumplió dos años nos venimos a radicar definitivamente a Matamoros, el motivo principal fue que en la escuela de Isaac Arriaga solamente se impartían clases hasta Tercer Grado de Primaria, y el deseo de mi madre era que estudiáramos una carrera. Mi padre solamente permaneció con nosotros en Matamoros por poco tiempo, regresó a Michoacán, él quería que regresáramos también con él, pero el proyecto de mi madre era diferente, ella quería que estudiáramos una carrera, y nosotros coincidíamos con ella, al menos eso era lo que pensábamos Tere y yo, que éramos las mayores y quienes ya teníamos una edad para discernir sobre lo que era mejor para nuestro futuro. Ya no volvimos a reunirnos con mi padre, él era de fuerte orgullo, chapado a la cultura de las familias del sur de México. No supimos de él hasta muchos años después, que nos enteramos de que había formado otra familia en Sinaloa, estos datos los conocimos cuando ya habían fallecido mi madre y mi padre, incluso mi hijo, el más pequeño ya tenía ocho años de edad. Años más tarde empezamos a tener comunicación con mis otros hermanos, hijos de mi padre.

Mi madre fue una persona muy respetable y amada por quienes la conocían, siempre estaba dispuesta a ayudar a los demás. Era hermosa mi madre. Acostumbraba a vestir de manera muy formal. Esos eran los comentarios que me hacían algunas de mis amigas, y yo sé que así era.

Mi madre, con el producto de su trabajo nos apoyó hasta que los cuatro hermanos terminamos una carrera profesional, las dos mujeres estudiamos para maestras y mis dos hermanos terminaron la carrera de Ingeniería en el Tecnológico de Matamoros, Tamaulipas. Mi madre fue siempre un ser ejemplar, por las mañanas se levantaba muy temprano, e iniciábamos con ella la jornada diaria. Desayunábamos muy temprano, momentos que mi madre aprovechaba para hacernos las recomendaciones pertinentes acerca del comportamiento que debíamos seguir durante el día, cada uno, nos íbamos a la escuela en la que cursábamos nuestros estudios, y mi madre, aunque lloviera, hiciera frío o calor, se dirigía a su trabajo, al que nunca faltó y con su ejemplo nos enseñó el sentido de responsabilidad. Por las tardes mi madre regresaba a casa, nos preparaba la cena y entre plática y plática hacía una evaluación de nuestras actividades diarias y hacía las recomendaciones pertinentes, era una psicóloga nata, siempre encontraba la manera de conocer nuestras actividades diarias a través de una charla amena y edificadora.

Cuando éramos niños teníamos juegos muy divertidos, mi hermana Tere, siempre era la maestra, y nos enseñaba lo que ella estaba aprendiendo en la escuela, era muy estricta, educaba con la regla en la mano, no para golpear sino para representar mejor su papel de maestra estricta. Con mi hermana, en sus juegos de maestra, yo aprendí muchas cosas, por ejemplo algunas reglas gramaticales, la forma correcta de hablar y escribir el idioma español, entre otras cosas, eran juegos divertidos.

De mi hermano Miguel recuerdo que era un niño muy inquieto e inteligente. Cuando él tenía alrededor de once o doce años, un día por la mañana, cuando un tío se disponía a irse a su trabajo, trató de encender su carro y no lo pudo encender, entonces mi hermano Miguel se acomidió a ayudarle, le hizo algunos arreglos y lo encendió, mi tío quedó maravillado. Cuando estaba en la Secundaria era muy inquieto, en el sentido positivo, obtenía buenas notas escolares y formaba parte de un equipo de adolescentes que han hecho de su vida una historia de éxito. Cuando estuvo en la Preparatoria fue Presidente de la Sociedad de alumnos, de hecho fue integrante de la comisión que se trasladó a la Ciudad de México a hablar con el Presidente de la República para que se autorizara la creación del Instituto Tecnológico de Matamoros, logrando el objetivo de que Matamoros contara con esta distinguida institución educativa, la que hasta la fecha ha sido fuente de la que han egresado muchas generaciones de destacados profesionistas.

Mi hermano Manuel era un niño muy tierno y querido por todos, por mis abuelos y mis tíos, siempre fue un niño muy noble y tranquilo, también muy inteligente. Fue un destacado estudiante, egresado del Instituto Tecnológico de Matamoros, excelente Ingeniero, muy responsable y trabajador, al igual que mi hermano Manuel. Mis dos hermanos, además de ingenieros han aprendido de manera autodidacta, sobre mecánica, soldadura de varios tipos, plomería, carpintería y de tantas cosas más, sólo por el gusto de conocer sobre diversos temas y aplicarlos en la solución de problemas que se les presentan en su entorno cotidiano.

Cuando éramos niños, los cuatro teníamos muy buenos amigos en el barrio con quienes acostumbrábamos a jugar en la calle, por las tardes cuando caía el sol, y principalmente, después de haber cumplido con nuestras tareas escolares. En el barrio había amigos que formábamos grupos muy integrados, que disfrutábamos de juegos divertidos, que contribuían en nuestra salud física y mental, y en la creación de un sentido de equipo y de pertenencia. Éramos los amigos del barrio.

Los familiares

Los familiares son las personas que tienen relaciones de parentesco en una misma familia, que bien pueden vivir en una misma casa o en casas diferentes. De mis familiares tengo muy valiosas lecciones de vida. Desde que éramos niños, hemos recibido ejemplos de unidad, de convivencia armónica, de amor y de solidaridad.

A mis familiares les ofrezco mi más sincero reconocimiento, de ellos tuvimos apoyo y respeto. En lo personal, uno de los prototipos que orientaron mi proyecto de vida fue un tío, hermano de mi madre, él estudió para abogado, por eso, mi sueño era estudiar abogacía, pero el destino me llevó por el camino de la educación y estoy segura de que fue lo mejor que pudo haberme pasado, porque amo ser maestra, lo disfruto plenamente y de corazón. Cuando era adolescente, me encantaba leer los libros escolares de mi tío, los que él usaba en la secundaria, porque sentía que de esa manera compartía sus vivencias. A todos mis tíos los he querido mucho, en especial, a mi tía la Güera, hermana de mi madre, ella fue para mí como una segunda madre.

Durante mi niñez y mi adolescencia, época en la que ya vivíamos de manera permanente en Matamoros, Tamaulipas, era muy habitual que los mayores propiciaran la convivencia entre las familias. Esta cultura familiar proviene de tiempo pasado, y es un valor muy característico de las familias mexicanas. Las visitas interfamiliares se realizaban casi diariamente, nuestras casas estaban ubicadas en domicilios cercanos unos de otros. En esta convivencia se fortalecían los lazos filiales, las relaciones fundamentadas en el respeto, y el compromiso de velar por los menores, quienes por su estado de indefensión originado por la edad o por la salud, requerían de la atención de los jóvenes, y en general, de los mayores.

Tengo muy presente a mi bisabuela por línea materna, quien estando cercana a los cien años de edad requería de atención especial, pues carecía del sentido de la visión. Diariamente, por las tardes, acompañábamos a mi tía Güera, cuando iba a casa del tío abuelo, hermano de mi abuelita, en cuya casa vivía mi bisabuela. Esa visita tenía la encomienda de prepararle la cena a mi bisabuela y a ayudarla a realizar algunas actividades cotidianas propias de su edad. Cuando mi bisabuela vivía en Isaac Arriaga, era una persona muy dinámica. Ella tenía en su casa una pequeña empresa artesanal, que consistía en la elaboración de unos deliciosos dulces de leche, los que comercializaba por las tardes en una placita de la comunidad. Esta cultura de dinamismo y superación fue heredada a la mayoría de los familiares que le han sucedido.

Cuando yo tenía la edad de ocho años nos quedamos a radicar definitivamente en Matamoros, Tamaulipas. Durante mi trayecto como alumna en nivel básico (Primaria y Secundaria), tuvimos, mi madre, mi hermana, mis dos hermanos y yo, una cercana convivencia con mis abuelos maternos, con los hermanos y hermanas de mi madre, con los primos, hijos de una tía abuela y los hijos de un tío abuelo (todos por la vía materna). Esa convivencia influyó asimismo en la formación de nuestra personalidad, de igual manera influyeron las recomendaciones que mi madre nos hacía para que como familia nuclear fuéramos unidos y solidarios, y para que nos apoyáramos en la solución de nuestros problemas, que se presentaban como resultado de las actividades de la vida cotidiana.

La responsabilidad demostrada por mi madre en la atención a nuestras necesidades vitales, despertó en nosotros el amor y el respeto hacia ella, quien era una persona admirable. Cada mañana se levantaba muy temprano para organizar el arranque de nuestras actividades diarias para posteriormente dirigirse a su trabajo, sin importar el frío, el calor, la lluvia, ni cualquier situación adversa que obstaculizara su trayecto. Su ejemplo fue avasallador, porque cinceló en nosotros ese sentido de responsabilidad, cumplimiento y puntualidad con nuestros compromisos. Frecuentemente observo a mis hermanos en su desempeño como seres humanos y advierto que tenemos muchas coincidencias que proceden de ese ejemplo valioso que nuestra madre nos heredó y que aprendimos también de la familia. Mi madre fue una gran mujer con un corazón dulce y maravilloso, muy querida por la familia y por las personas con las que tuvo el privilegio de coincidir. Es un alimento para mi espíritu cuando escucho en la voz de quienes la conocieron, el concepto en el que la tenían, además de la ponderación de las acciones que ella realizaba y que de alguna manera incluían a estas personas.

Cuando llegamos a la edad adulta mis hermanos y yo, cada uno tomamos nuestro rumbo con nuestras propias familias, sin embargo continuamos conviviendo, como mi madre nos enseñaba. Tuve el hermoso privilegio de que mi madre haya vivido siempre conmigo, esto influyó para que mi casa haya sido el punto de convergencia de la familia, lo que para mí y para mis hijos significó un regalo que derivó en la gestación de un sentimiento familiar de solidaridad filial, y aunque la ubicación geográfica nos ha separado, el sentimiento de unidad nos acerca de alguna manera.

La amistad

La amistad es el afecto personal, puro y desinteresado, compartido con otra persona, que nace y se fortalece con el trato (Real Academia Española, 1993).

La amistad es un sentimiento que surge entre dos o más personas que coinciden en un tiempo y en un espacio y puede iniciar desde la edad temprana. Se puede coincidir con un número de personas extenso o limitado, pero la amistad no siempre se da entre el total de las personas que coinciden en un grupo, sino que existen detalles de coincidencia entre esas personas, que propicia el surgimiento de una amistad. La amistad puede perdurar para toda la vida, si las circunstancias se dan, pero también puede ser de corta duración, y se termina por diversas situaciones, como, la distancia, que muchas veces imposibilita la comunicación entre las personas, además de otras situaciones que se derivan de la convivencia cotidiana.

Durante mi trayecto de vida he disfrutado de una amistad cercana con pocas personas. En Isaac Arriaga (Santa Ana Mancera), cuando era niña, tenía amistad con una vecinita, por las tardes, nos íbamos al patio de la casa, y jugábamos a la sombra de los árboles, con trastecitos y muñecas, e incluso, como el patio era amplio, podíamos encender una pequeña fogata y cocinábamos, de manera rudimentaria, algunos alimentos. La amistad se propició porque éramos vecinas y nuestras mamás eran amigas. Mi mamá tenía amistad también con otra vecina, cuyos hijos eran todos varones, de tal manera que sus juegos eran muy diferentes a los míos, lo que determinó que no surgiera con ellos, ningún tipo de amistad, debido a que en ese tiempo no era muy común que se permitiera a las niñas jugar con los niños, ellos más bien jugaban con mi hermano Miguel. En la escuela coincidía con una compañerita, con quien jugaba en la hora del recreo y además, nos sentábamos juntas en el patio a la hora de hacer costura, actividad cotidiana en las escuelas de ese tiempo. Estas amistades terminaron por la distancia que nos separó cuando una de ellas se fue a Vivir a Tepic, capital del Estado de Nayarit, y nosotros nos fuimos a vivir a Matamoros, de tal manera que no volví a saber de ellas.

Durante el año que estuve en la Escuela, en el Ejido San Lorenzo, cuando vivía con mis abuelos, no hice ninguna amistad específica, jugaba con todas las niñas en general, pero en especial, con ninguna. La escuela era de turno discontinuo. En el tiempo intermedio, varios niños y niñas, que vivían en otros ejidos, se iban a la casa de mis abuelos a comer el lonche que traían de sus casas y que previamente, por la mañana, antes de llegar a la escuela, lo dejaban en casa de mis abuelos.

Mis abuelos tenían un comedor en el patio, donde los niños y las niñas, además de comer disfrutaban de una amena charla. Yo aprovechaba, después de comer con ellos, para entrar a la casa y descansar un poco antes de regresar a la escuela a continuar con la siguiente jornada escolar del día, pero, no obstante de que se favorecía esta convivencia, no tuve ninguna amistad que pudiera recordar de manera especial, mi amistad era por igual con todas.

En el transcurso de mi vida escolar por la Primaria, en la Escuela Adalberto J. Argüelles, tuve tres amigas cercanas, con quienes me sentía más identificada para platicar nuestros temas de niñas. Con ellas y con el resto de las compañeritas del grupo jugábamos a los jacks, una palabra que usábamos del idioma inglés y que en español es la matatena, además de otros divertidos juegos que implicaban correr y hacer ejercicio físico, lo cual era muy favorable para la salud. Una de estas tres amiguitas y yo, formábamos parte del equipo de basquetbol y del equipo de voleibol, era un gran equipo. Jugábamos con mucha pasión. Cuando terminamos la Primaria, cada una tomó caminos diferentes y la amistad ahí quedó. En tiempos posteriores nos volvimos a encontrar de manera esporádica, pero por diferentes circunstancias ya no pudimos interactuar, principalmente por la distancia y las diferentes ocupaciones.

En la Secundaria, no obstante que convivía con muchas compañeras, solamente tuve una amiga cercana, esta amistad también terminó al terminar la Secundaria, el motivo fue también la distancia. En el tiempo en que cursé la educación Secundaria, continué practicando deporte, principalmente el basquetbol y el voleibol. Entre las integrantes del equipo existía una buena relación de compañerismo, pero no puedo decir que tuve alguna amistad cercana con ninguna de las compañeras del equipo, yo interactuaba de igual manera con todas ellas.

En la Escuela Normal Base, desde el inicio del Primer Grado, seis compañeras integramos un equipo de trabajo, durante los tres años que duró esta travesía educativa, la amistad se fortaleció de tal manera, que hasta la fecha esta bonita relación de amistad, ni la distancia ni el tiempo han podido desintegrarla. Una de estas compañeras se nos ha adelantado en el encuentro con el creador, pero hasta el final, en los momentos que las circunstancias y el tiempo lo permitió, estuvimos en comunicación con ella.

La relación de amistad con el resto del grupo de compañeros de la Escuela Normal ha continuado más allá de esta etapa escolar. En la actualidad la convivencia con mis compañeros normalistas aún permanece. Algunos de los que vivimos en Matamoros, nos seguimos reuniendo un día de cada mes en diferentes restaurantes de la localidad. En estas reuniones se establecen amenas charlas sobre situaciones que vivimos en el tiempo actual y, sobre remembranzas de acontecimientos vividos durante nuestro tiempo de estudiantes en la Escuela Normal.

Algunos compañeros normalistas viven en otras ciudades, con ellos mantenemos una estrecha comunicación y los vemos en las reuniones anuales que se llevan a cabo en diciembre y en junio o julio, según sea el caso. El grupo Monterrey también acostumbra a reunirse de manera frecuente en esa ciudad y una vez llevadas a cabo estas reuniones, nos comunicamos y compartimos los resultados que se hayan generado de estas actividades.

Durante el tiempo dedicado a cursar la carrera de Profesora Normalista, presté mis servicios en dos escuelas de nivel de Primaria. En estas escuelas hice amistad cercana con una o dos compañeras. En lo que se refiere a la Escuela Francisco I. Madero, he de decir que se generó una relación de compañerismo entre todo el personal, muy cercana y fortalecida, que más bien se reflejaba como una relación fraterna, muy propia de una familia. Esta convivencia tan unida fue obra principalmente de la Directora de la Escuela, quien con su cálido trato nos encausó como equipo, no sólo de trabajo, sino como un equipo generador de lazos fraternos. La Directora era una persona muy sabia y humana. La relación entre el personal de la Escuela, iba más allá, ya que convivíamos también con nuestros hijos en piñatas, cumpleaños y otras fiestas. Comentábamos, a manera de juego, que no deberíamos invitar a un compañero porque tenía muchos hijos y se llevaban todas las bolsitas de dulces, claro que esto quedaba en una mera broma y él así lo aceptaba.

En las otras escuelas en las que he prestado mis servicios también he hecho amistad cercana con dos o tres compañeras y compañeros, con el resto del personal las relaciones de convivencia han sido siempre en un tono de compañerismo, respeto y respaldo a la labor solidaria, con un enfoque al logro de los objetivos establecidos por el equipo de trabajo, al logro de los aprendizajes de los alumnos y al establecimiento de comunidades de aprendizaje permanente en un ambiente saludable y armónico.

A partir de la reflexión de que la amistad es una relación muy específica, puedo decir que, en todos los espacios en los que he interactuado, aunque he convivido con muchas personas y que, a la mayoría de estas personas las aprecio de manera muy especial, porque valoro sus cualidades, no puedo decir que seamos amigas o amigos cercanos. La convivencia cotidiana, e incluso se puede decir armónica, no siempre representa una relación de amistad cercana.

El amor

El amor es un sentimiento intenso del ser humano quien, partiendo de su propia insuficiencia, necesita y busca el encuentro y unión con otro ser. Es un sentimiento hacia otra persona que naturalmente nos atrae y que, procurando reciprocidad en el deseo de unión, nos completa, alegra y da energía para convivir, comunicarnos y crear (Real Academia Española, 1993).

Existen diferentes tipos de amor, por ejemplo el amor filial. El término filial significa lo perteneciente o relativo al hijo (Real Academia Española, 1993). En este sentido puedo decir que el primer amor que experimenté en mi vida fue el amor recibido de mi madre, quien no obstante su juventud tenía bien clara la necesidad que tiene un hijo del amor de una madre, por lo tanto entre ella y sus hijos, existía un amor recíproco. Ella fue un ser muy especial, muy responsable, muy tierna, muy bondadosa y estricta. Con un arte muy especial convencía a sus hijos de la importancia de observar buen comportamiento, de tomar conciencia de la importancia de la práctica de acciones de valor. Con el ejemplo nos enseñó a vivir en armonía, a amar a los demás.

El amor que mi madre prodigaba no solamente era para su familia, sino también, para toda persona que de alguna manera interactuaba en su vida. Con amor nos enseñó a amar la vida, a valorar el tiempo y a dedicarlo a la construcción de un proyecto de vida basado en la responsabilidad y el esfuerzo. Su mayor anhelo fue ver a sus hijos convertidos en profesionistas, sueño que vio coronado con el éxito.

La vida me enseñó a amar a mis hermanos, mi amor hacia ellos es algo parecido al amor de una madre, yo así lo siento. No es solamente un amor de hermana, sino más bien es como un amor que cobija, como nos cobijaba mi madre.

Mi padre era menos expresivo, quizás en ese tiempo así eran las costumbres, el varón debía ser sobrio y adusto. Sin embargo era una persona noble, no recuerdo de su parte un mal trato, ni una palabra agresiva, sino más bien mucha formalidad. Cuando cumplí nueve años el amor que unió a mis padres se deterioró por la diferencia en la manera de realizar las acciones que contribuirían a la formación académica de los hijos. Como ya lo dije, en el lugar donde vivíamos no existían escuelas para la formación académica en el nivel superior, por lo que mi madre sugirió que fuéramos a vivir a Matamoros y mi padre lo aceptó, ahí inició el deterioro de la relación que finalmente terminó con una separación inevitable, claro que entre ellos hubo discusiones pero también acuerdos. Algo que le reconozco plenamente a mi madre es que nunca fomentó en nosotros el resentimiento hacia mi padre, sino más bien, el respeto y la comprensión. Para ella, hasta su muerte, mi papá siguió siendo el amor de su vida.

De parte de la familia de mi madre recibimos amor y comprensión. He de decir que el tiempo que vivimos con mis abuelos maternos, nos permitió disfrutar de su amor. Mis abuelos fueron para mí y para mis hermanos como unos segundos padres. Nuestro amor hacia ellos era también recíproco.

Valoro infinitamente el amor de mi madre, su ejemplo fue como la lluvia suave que impregna poco a poco la tierra y, que como producto de esa suavidad, humedece completamente el área donde se presenta. Pienso que ese instinto lo heredé de ese ser maravilloso que fue mi madre, porque amo profundamente a mis hijos, como ella nos amó. Mis hijos son la razón de mi vida, son seres extraordinarios y maravillosos que Dios me regaló como prueba de su poder divino. Opino, que el amor surge generalmente por instinto y, agrego, que el instinto es el móvil atribuido a un acto, a un sentimiento, que obedece a una razón profunda, sin que se percate de ello quien lo realiza o siente (Real Academia Española, 1993).

También he vivido plenamente el amor a la familia, la convivencia entre las familias con las que estábamos emparentados era una tradición. Aprendimos a convivir de manera cotidiana padres, hermanos, tíos, sobrinos, abuelos, e incluso con los amigos, y con las familias amigas de nuestra familia.

También debo ponderar el amor al sexo opuesto, sentimiento que experimenté por primera vez cuando cursaba el Quinto Grado de Primaria. Algo que llamaba mi atención era el aspecto físico de los chicos, su comportamiento agradable. Experimentaba dentro de mí, una necesidad de atención, de complemento, pero además la sensación de estar haciendo algo que no estaba permitido y que generaba un sentimiento de culpa por faltar a las reglas establecidas por la familia, principalmente por el hecho de que no tenía edad para pensar en romanticismos.

En la Secundaria andaba tan ocupada en el estudio y los deportes que los chicos que se me acercaban no tenían de parte mía una respuesta favorable, además de que había detalles en cuanto a sus características que verdaderamente no me convencían.

En mi juventud estuve profundamente enamorada de un chico, algo mayor que yo, me llamaban mucho la a atención sus modales tan educados, sus atenciones tan cálidas. Era una persona muy inteligente y con muchas cualidades, muy seguro de sí mismo, muy creativo, muy capaz en el desempeño de sus tareas, pero, para él yo era como una niña, se sentía muy mayor respecto a mi edad, fue una experiencia romántica muy interesante.

Durante mi trayecto por la Escuela Normal, en uno de nuestros viajes de estudio cuando nos dirigíamos a una ciudad vecina, en el trayecto, cuando íbamos en el autobús, me sorprendió una mano que se posaba sobre la mía, era la mano de un compañerito que trataba de iniciar conmigo una interacción romántica. Nos hicimos novios, pero esta relación duró poco, yo andaba tan ocupada en mis compromisos como maestra de grupo y como estudiante normalista que no atendí la relación con verdadero compromiso y la relación se esfumó de manera sorpresiva e inesperada. Sin embargo fue una experiencia que quedó grabada significativamente en la historia de mi vida.

Posterior a ello, conocí al padre de mis hijos, era una persona atractiva, que me conquistó por su agradable trato, por sus atenciones. Tuvimos un interesante noviazgo, disfrutamos de una relación muy formal, hicimos planes de matrimonio y finalmente nos casamos. De esa unión nacieron mis tres hermosos hijos, Diana Isabel, Julio César y Juan Francisco, mis tres grandes amores. Mis hijos se casaron y de su unión nacieron mis nietos a quienes amo profundamente, a los que están lejos, a los que están cerca, cada uno de mis nietos ocupa un lugar importante y especial en mi corazón. Para el papá de mi nieta y para las mamás de mis nietos, ofrezco mi afecto, consideración y respeto, ya que como seres humanos ejemplares merecen eso y mucho más.

Compañero de vida

Llamo compañero de vida a quien te acompaña como tu pareja para formar una familia, casarte, tener hijos, verlos crecer, verlos realizarse como personas y compartir con ellos parte de su trayecto de vida, es decir, el tiempo que el creador te permita vivir. En caso de que no se presente la bendición de tener hijos, pues será la persona que te acompañe en tu trayecto de vida una vez que decides, como adulto, tener una pareja.

En este espacio quiero abordar nuevamente el concepto de amor como el "sentimiento intenso del ser humano que, partiendo de su propia insuficiencia, necesita y busca el encuentro y unión con otro ser" (Real Academia Española, 1993). Pues eso fue lo que yo experimenté en cada una de las ocasiones en las que me sentí atraída hacia algún chico que llamaba mi atención. Y tengo la percepción de que me sucedió lo mismo en cada una de esas ocasiones.

Con estas experiencias, llego a la conclusión, de que igual da que sea una persona u otra, lo interesante es que surja esa necesidad de buscar el encuentro y unión con ese otro ser. Lo cierto es que cuando conocí al padre de mis hijos se consolidó ese encuentro con el otro ser, es decir, me enamoré, como igual me sucedió en las otras ocasiones, sólo que en esta ocasión, la edad y el hecho de sentir que había concluido un periodo, al final del cual, ya me sentía segura para iniciar otro, con la responsabilidad que implica el hecho de formar una familia, de tener hijos y de ser feliz para toda la vida.

Solamente que uno pone y Dios lo dispone, bueno, eso decimos quienes creemos en un ser supremo. El caso es que nos enamoramos, eso pienso yo, nos casamos, tuvimos tres hermosos hijos, que para mí han sido una bendición divina, son personas maravillosas, de noble corazón y de muy firmes convicciones. Muy comprometidos con su proyecto de vida y con su responsabilidad como seres humanos, los amo. Bien sé, que aunque con algunos tropiezos y dificultades, como sucede a todos los seres humanos, han salido adelante. Ruego a Dios para que los ilumine y les dé la oportunidad de vivir en armonía con la vida y con quienes les rodean.

Mi matrimonio duró diez años, tiempo en el que hubo muy buenos, buenos, malos y muy malos momentos, por lo que a final de cuentas, el padre de mis hijos y yo, decidimos cada uno seguir la vida por diferentes caminos. Con muchas dificultades salí adelante con mis hijos, fue una tarea bastante difícil, lo que significó una enseñanza recibida que me permitió crecer y fortalecerme. Comprobé que aunque los obstáculos sean enormes, si tienes la fortaleza y la templanza para salir adelante, con la bendición de Dios logras tus objetivos y cumples con tu responsabilidad de acompañar a tus hijos hasta verlos convertidos en personas responsables con un a forma honesta de vida. En mi caso, Dios siempre estuvo a mi lado.

UN INTERESANTE VIAJE PARA REFLEXIONAR

Como es lo más lógico, el ser humano requiere de una pareja, en mi caso, no sé exactamente qué sucedió después de mi divorcio, aunque pude ser parte de una pareja nuevamente, sentí que ya no era necesario. Tuve algunas opciones, pude haberlo intentado de nuevo, pero ya no pude, sentí que ya había cumplido ese ciclo, me acostumbré a ser libre, a tener la libertad de ir y venir con mis hijos, de apoyarlos para que ellos estudiaran, se prepararan y fueran personas exitosas, y hasta ahora estoy segura de que fue la mejor opción, y que he logrado consolidar mis planes, soy feliz, inmensamente feliz.

El padre de mis hijos falleció cuando ellos ya eran mayores de edad. Estoy segura de que les hizo falta la figura del padre, al igual que me hizo falta a mí, en su momento, la figura de mi padre, y en este caso la figura de un esposo, pero cuando hay amor en lo que queda de la familia, se puede salir adelante, siguiendo el camino de la honestidad, la responsabilidad, el respeto, entre otros valores que podría seguir enumerando. No es fácil, porque somos humanos, imperfectos, pero dentro de lo que cabe, a pesar de nuestras imperfecciones, debemos esforzarnos por hacer las cosas lo mejor posible, haciendo el menor daño a las personas que nos rodean.

Área de interacción humana

El ser humano posee un instinto gregario que lo impulsa a interactuar con sus semejantes, se le dificulta vivir aislado. En estas circunstancias se presenta la interacción humana.

El término gregario se refiere al dicho de una persona que está en compañía de otros sin distinción, como el soldado raso (Real Academia Española, 1993).

En cuanto al término raso diremos que es lo que se refiere al dicho de una persona que no tiene título u otro adherente que la distinga (Real Academia Española, 1993). Pudiera decirse que es semejante a los otros, en igualdad de circunstancias.

De estas reflexiones, parto para introducirme al tema de la interacción humana. El proceso de interacción con mis semejantes, generalmente ha sido de concordia, he comprobado que el estado de confrontación debilita y crea situaciones de conflicto que deterioran las relaciones humanas. Prefiero las acciones de ganar-ganar, y ganar-ganar, en lo que a mi convicción responde, no es tener yo todas las fichas del juego, sino que cada persona obtenga las suyas, según sean las circunstancias. No siempre se puede tener todo, pero si es importante tener todo lo que se pueda tener considerando y valorando las necesidades de los otros.

Tengo la seguridad de que hay cosas que podemos compartir, hay situaciones en las que podemos aportar, en las que podemos colaborar. Tengo la convicción de que lo que puedo hacer en beneficio de los demás, debo hacerlo. Si colaboras no pierdes, más bien ganas. Ganar no siempre es tener lo que necesitas, ganar es poder colaborar cuando puedes hacerlo.

Dentro de las recomendaciones que siempre hago a mis hijos, está la de apoyar a quien necesita apoyo, teniendo como convicción la idea de que "si en tus manos está apoyar, en aras de que la otra persona resuelva sus problemas para bien, apoya, sin importar quien sea la persona, y hazlo desinteresadamente". Estas acciones las comparo con la acción de ofrecer tu aportación en la comunidad religiosa a la que asistes, en este caso, se trata de colaborar con la comunidad en la que interactúas sin ningún interés egoísta, más bien de solidaridad. No cuesta, es más bien invertir un poco de tu tiempo para fortalecer las relaciones en tu entorno comunitario.

A mis hijos, les recomiendo que optimicen el tiempo en cualquier lugar en el que estén realizando acciones relevantes para mejorar el entorno, que se esfuercen por cumplir con sus tareas aprovechando el tiempo al máximo, les expreso que es nuestro compromiso como seres humanos realizar nuestras tareas cotidianas sin regatear esfuerzo, y que todas estas acciones las disfrutemos, que no las consideremos como un lastre que cargamos con incomodidad.

Les recomiendo que cuando estén disponibles, fuera del compromiso del horario de su jornada de trabajo y observen que alguien requiere de su colaboración, se sumen, sin pensar que esa tarea no les corresponde. Estas acciones generan un buen ambiente, armonía y convivencia sana. Un precepto valioso es "si puedes ayudar, ayuda, no esperes invitación, sé espontáneo".

Aportaciones

Una aportación es el conjunto de bienes aportados (Real Academia Española, 1993). Esto es muy sencillo de entender y de capitalizar.

Un bien se refiere a la utilidad y al beneficio. Es decir todo aquello que es apto para satisfacer, directa o indirectamente una necesidad humana (Real Academia Española, 1993).

Cuando reflexionamos acerca de las aportaciones que hemos hecho como seres humanos, tenemos el temor de caer en la vanidad, pero podemos despojarnos de ese sentimiento y comentar lo que a nuestra consideración puede ser una aportación.

Dentro de las aportaciones que ofrece la persona, se puede mencionar la participación en la generación de ambientes de convivencia armónica, sana y pacífica, orientada a partir de la práctica de los valores humanos. La solidaridad es un valor que considero indispensable para la sana convivencia, en mi diario interactuar he tratado de practicar este valor en mis acciones cotidianas, con mis hijos, con mis hermanos, con la familia, con los amigos y en general con mis semejantes. En cada una de las tareas que llevo a cabo, me solidarizo con el equipo de convivencia para alcanzar las expectativas planeadas.

En mi trayecto como maestra he contribuido de alguna manera en la formación del proyecto de vida de un considerable número de niños, niñas y jóvenes. Disfruto plenamente cuando observo que mis alumnos adquieren los conocimientos necesarios para salir adelante.

La actualización permanente me ha facilitado la tarea para crear y formar parte de equipos de trabajo colaborativo. He comprobado que el trabajo colaborativo ha facilitado las acciones en la que intervienen los miembros de la comunidad escolar para el logro de los objetivos establecidos en el trayecto formativo, en cada una de las escuelas en las que he prestado mis servicios.

De manera colaborativa, el personal de la escuela, los padres de familia y los alumnos, hemos formado un equipo solidario y transformado el centro escolar en el que me desempeño, en un espacio cada día más agradable y apto para el logro de los aprendizajes establecidos en el Plan y los Programas de estudio.

Durante mi trayecto profesional, he colaborado de manera voluntaria con el Centro de Maestros y con otras instituciones educativas de la localidad. He participado como conductora en la impartición de cursos de actualización al inicio de varios ciclos escolares. Estas tareas, que se llevan a cabo dentro del ámbito educativo, me han permitido intercambiar con excelentes maestros, interesantes puntos de vista relacionados con la actualización profesional. Me han permitido asimismo, reflexionar sobre propuestas relacionadas con la mejora continua, y además, me han fortalecido para poner en práctica, con mayor conocimiento, las acciones que como maestros estamos comprometidos a llevar a cabo.

El intercambio de experiencias entre maestros enriquece el trabajo cotidiano en la escuela, que es el lugar en el que se desarrollan las acciones establecidas en el Plan y los Programas de Estudio que proporciona la Secretaría de Educación Pública. Asimismo, el intercambio de experiencias entre los miembros de diferentes escuelas, se suma al logro de este objetivo. En esta tarea he colaborado en la coordinación, desarrollo y conducción de las reuniones de Consejo Técnico Escolar, y en las que se refieren al concepto de intercambio entre escuelas. Estas acciones han proporcionado excelentes resultados, que han repercutido en el enriquecimiento de las prácticas pedagógicas, y en el compromiso y la mejora del desempeño por parte de los docentes y directivos de las escuelas con las que interactuamos. Se ha reflejado también en la mejora del desempeño de los alumnos de las escuelas y en el apoyo por parte de los padres de familia, que cada día que pasa se advierte más comprometido y solidario.

He participado en la generación de un ambiente colaborativo de trabajo en la escuela, en el que se destaca la delegación de responsabilidades a partir del trabajo en redes, coordinado de manera muy cercana con una supervisión permanente, sin que esta represente una vigilancia engorrosa, sino más bien un compromiso de apoyo y acompañamiento. Lo que destaca principalmente en esta organización de trabajo es la confianza hacia los coordinadores de los equipos de trabajo y hacia los miembros de cada uno de los equipos, porque cada persona tiene su manera especial de hacer las cosas y en el intercambio de opiniones se mejoran las estrategias de trabajo. Lo básico es elaborar un proyecto de trabajo, bien organizado en el que se tomen en cuenta las sugerencias de todos los miembros de la comunidad para el desarrollo de las acciones en beneficio de la propia comunidad escolar. Se hace una evaluación del estado de cosas y de lo que se requiere para hacer las cosas bien, y para mejorar ese estado de cosas. Se nombra a los coordinadores y a los responsables de llevar a cabo cada una de las acciones, se establecen los momentos de evaluación y de información a la comunidad.

Evaluación

En las acciones que se realizan para el desarrollo de algún trayecto, se establecen objetivos y metas, además de las estrategias de evaluación, y la evaluación es más efectiva si se realiza de manera continua, principalmente para corroborar si con las estrategias implementadas se está cumpliendo con los objetivos o si se requiere implementar otras estrategias más efectivas. Es importante tomar en cuenta que evaluar, es señalar el valor de algo (Real Academia Española, 1993). Si se quiere mejorar, se puede partir de la ponderación de los valores.

Debo considerar que el trayecto de vida es un trayecto formativo, y si es formativo se le debe dar forma, y si se le da forma, ésta debe estar enfocada a lograr lo mejor. Y qué es lo mejor en un trayecto de vida; pues lo mejor de un trayecto de vida, en lo personal, pienso que debe ser, alcanzar la felicidad. Ahora diremos que la felicidad es relativa, es decir, que guarda relación con algo, y ese algo debe ser es el bien común. El bien común está relacionado con la armonía, y la armonía es una característica del éxito de cualquier trayecto.

La evaluación nos indica que como seres humanos tenemos aciertos, pero también cometemos errores. Los aciertos derivan del cumplimiento de la responsabilidad que se le confiere a la persona en el momento en el que vive y en el espacio en el que se desarrollan las acciones. Los errores derivan de la incorrecta toma de decisiones, de la toma de decisiones basada en el egoísmo y la falta de respeto y comprensión hacia las necesidades e intereses de los demás, o a la falta de reflexión sobre las ventajas y las contradicciones que surgen de la toma de decisiones.

La evaluación está enfocada también hacia el cumplimiento del deber. Todo ser humano debe evaluar las actividades que ayuden a la construcción de un proyecto, y este compromiso debe iniciar desde temprana edad, porque el ser humano desde su nacimiento está en continuo proceso de aprendizaje, por lo tanto se somete a un continuo proceso de evaluación. En la escuela es el docente el que debe coordinar y dar seguimiento a la evaluación de las tareas escolares y, los estudiantes deben evaluar lo que como estudiantes les concierne realizar.

Con estas reflexiones realizamos la evaluación de nuestro trayecto de vida. Esta evaluación se facilita si lo hacemos con un instrumento que ha sido utilizado en otros ámbitos y que ha permitido lograr información efectiva para optimizar los resultados y para seguir avanzando. Me refiero al análisis FODA, cuyo creador es Albert S. Humphrey, quien, mientras estaba en el Instituto de investigación de Stanford participó en una investigación (1960-1969), que consistía en conocer por qué fallaba la planificación corporativa. Durante el proceso de investigación el grupo de colaboradores llegó a la conclusión de que lo que es fortaleza en el presente es oportunidad en el futuro y lo que es debilidad en el presente es amenaza en el futuro. Otro investigador que aportó al análisis FODA fue Heinz Weihrich (1982), creador de la Matriz de cuatro cuadrantes que se utiliza cada vez que se realiza un análisis FODA, que enfrenta los factores internos (fortalezas y debilidades) con los factores externos (oportunidades y amenazas) (Jimmy Wales, Larry Sanger, 2001).

Por qué hacer una evaluación con base en el análisis FODA, si un trayecto de vida no es un corporativo, precisamente. La respuesta que ofrezco es, que soy un individuo, o lo que es lo mismo, soy una persona. Las personas también pertenecemos a diferentes corporaciones con las que por naturaleza interactuamos. La palabra individuo, se refiere a la persona perteneciente a una clase o corporación (Real Academia Española, 1993).

Pues bien, a partir de esta reflexión, considero que mis fortalezas, debilidades, amenazas y oportunidades, pueden ser las siguientes:

FORTALEZAS

Contar con los sentidos vitales que me permiten ver, escuchar, sentir, olfatear, saborear.

Escuchar y tomar decisiones a partir de las opiniones de los otros, porque cada persona tiene diferentes referentes y en la diversidad se encuentra la riqueza en las ideas.

Respetar la libertad de las personas para desarrollar acciones, porque cada persona tiene su propia forma de resolver los problemas o desafíos.

Sumar y colaborar en el trabajo de equipo.

Reconocer mis errores y además rectificar el camino.

Ofrecer disculpas cuando cometo errores.

Estar actualizada para participar con información congruente.

Unir a las personas a partir del principio de convivencia armónica y del disfrute de las bendiciones que ofrece la vida, con base en el amor y la concordia. La vida puede ser relativamente corta y debemos vivirla con intensidad, ponderando el respeto, la tolerancia, el amor, y otros valores humanos que conducen a vivir en paz.

Colaborar en la resolución de problemas en la medida de mis posibilidades.

Coordinar acciones para el logro de los objetivos de un proyecto.

DEBILIDADES

Ser muy directa al abordar un asunto.

Tomar decisiones que no siempre coinciden con los intereses o la forma de pensar de los otros.

Ser precipitada al tomar decisiones.

No escuchar con paciencia las ideas y formas de pensar del otro.

Ser obstinada.

Ser imprudente en algunas situaciones.

Carecer de habilidades para resolver algunas situaciones apremiantes.

OPORTUNIDADES

Contar con la bendición de un ser supremo, dador de vida y esperanza.

Estar rodeada de seres maravillosos.

Tener el amor de mis hijos y de mi familia.

Contar con grandes amigos y amigas.

Tener el apoyo de un extraordinario equipo de trabajo.

Tener oportunidades de mejora al alcance de la mano, de manera permanente. Muchas de ellas sin costo alguno.

Tener la oportunidad de ejercer la profesión que permite navegar por el camino de la enseñanza y el aprendizaje.

Tener el privilegio de poder tomar de la mano a seres tan valiosos como lo son mis alumnos.

Convivir con padres de familia que aman a sus hijos.

Sentir amor por el prójimo.

Disfrutar del amor a mis hijos.

Valorar el amor de mis seres queridos.

AMENAZAS

Tener el tiempo latente, que a veces corre de manera vertiginosa y a veces demasiado lento.

Percibir la fragilidad de la vida.

Sentir agobio ante la imposibilidad de alcanzar algunas metas.

Tener la acechanza de la contracorriente.

Convivir con personas que no aprovechan el tiempo para mejorar el entorno.

Convivir con personas que no optimizan el tiempo en el cumplimiento de las tareas cotidianas que son su responsabilidad.

Carecer de la suficiente creatividad para convencer a los más indiferentes, para que se sumen a los proyectos, enfocados a la superación y mejoramiento del entorno en el que nos desempeñamos.

Conclusiones

La vida es el mayor regalo que puede recibir el ser humano.

El reconocimiento a las acciones que realizan las personas que nos rodean, es ambrosía para el espíritu.

Los viajes alimentan el espíritu y la mente.

El conocimiento es un viaje que te permite navegar en el espacio y el tiempo.

La naturaleza es la decoración vital del medio ambiente en el que vivimos.

Ama intensamente, que la vida se escapa de manera inexorable.

Cree en Dios, porque él conducirá tu nave, siempre, hacia un puerto seguro.

Sé positivo, para que aproveches la oportunidad de crecer en espíritu y comprobarás que es el camino para alcanzar la felicidad.

Ayuda a quien necesita de tu apoyo, la mayoría de las veces, no cuesta nada, sino que más bien se te reditúa con creces.

Fuentes bibliográficas

Bibliografía

(2011). Obtenido de ClubEnsayos.com: https://www.clubensayos.com/Biograf%C3%ADas/Profr-Ernesto-Guajardo-Salinas/538136.html

Departamento de Bibliotecas de la Secretaría de Educación Pública. (1936). Trabajos premiados en el Concurso Escolar de Biografías abierto por la Biblioteca "Isaac Arriaga" en la Casa del Agrarista, Calle de Sor Juana Inés Número 116. México, D. F., México: Secretaría de Educación Pública. Recuperado el 31 de Marzo de 2019

Heroica Matamoros. Historia, l. y. (1 de Octubre de 2018). *Conoce Matamoros*. Recuperado el 6 de Julio de 2019, de https://conocematamoros.com/conocematamoros/

Jimmy Wales, Larry Sanger. (15 de Enero de 2001). *Wikipedia La Enciclopedia libre*. Recuperado el 8 de Julio de 2019, de https://es.wikipedia.org/wiki/Familia_nuclear

Jimmy Wales, Larry Sanger. (15 de enero de 2001). *Wikipedia La Enciclopedia Libre*. Recuperado el 18 de Abril de 2019, de https://es.wikipedia.org/wiki/Lauro_Villar

Jimmy Wales, Larry Sanger. (15 de enero de 2001). *Wikipedia La Enciclopedia Libre*. Recuperado el 8 de Julio de 2019, de https://es.wikipedia.org/wiki/Lazaro_Cardenas_del_Rio

Jimmy Wales, Larry Sanger. (15 de enero de 2001). *Wikipedia La Enciclpedia Libre*. Recuperado el 20 de julio de 2019, de https://es.wikipedia.org/wiki/Mariano_Matamoros

National Geographic Society. (Julio de 2009). *National Geographic*. Recuperado el 11 de Julio de 2019, de https://www.nationalgeographic.es/animales/mariposa-monarca

Real Academia Española. (20 de Octubre de 1993). *Diccionario de la Lengua Española*. Recuperado el 16 de Marzo de 2019, de https://dle.rae.es

Sergio R. Salcido G, M. R. (1985). Recopilación de Temas de Historia de México. Monterrey, N. L.: Universidad Autónoma de Nuevo León, Dirección General de Bibliotecas.

www.ingramcontent.com/pod-product-compliance
Lightning Source LLC
LaVergne TN
LVHW091600060526
838200LV00036B/923